语文课程与
学科教学设计研究

陈世豪 戴宏燕 谢雪琴 ◎ 著

山西出版传媒集团
三晋出版社

图书在版编目（CIP）数据

语文课程与学科教学设计研究 / 陈世豪，戴宏燕，谢雪琴著.--太原：三晋出版社，2023.4
ISBN 978-7-5457-2715-9

Ⅰ.①语… Ⅱ.①陈… ②戴… ③谢… Ⅲ.①语文课—课程设计—研究—中小学 Ⅳ.①G633.302

中国国家版本馆CIP数据核字（2023）第075217号

语文课程与学科教学设计研究

著　　者：	陈世豪　戴宏燕　谢雪琴
责任编辑：	张　路

出 版 者：	山西出版传媒集团·三晋出版社
地　　址：	太原市建设南路21号
电　　话：	0351-4956036（总编室）
	0351-4922203（印制部）
网　　址：	http://www.sjcbs.cn
经 销 者：	新华书店
承 印 者：	北京兴星伟业印刷有限公司
开　　本：	720mm×1090mm　1/16
印　　张：	9
字　　数：	200千字
版　　次：	2023年9月第1版
印　　次：	2023年9月第1次印刷
书　　号：	ISBN 978-7-5457-2715-9
定　　价：	56.00元

如有印装质量问题，请与本社发行部联系　电话：0351-4922268

前　言

十年树木,百年树人。关于教育,习近平总书记说得好:"我国有独特的历史、独特的文化、独特的国情,决定了我国必须走自己的高等教育发展道路,扎实办好中国特色社会主义高校。"

小学语文是人才成长的奠基石,小学教育无疑是人才成长的奠基工程,而语文则是支撑人才大厦的奠基柱石。一个人语文水平的高低,将决定着他工作学习的成败、任务完成的好坏、活动能力的大小。而小学语文恰好是百科之母,因而小学语文的奠基作用就更显重要了。语文是国语的前言、是打开少年思想的一把金钥匙,语文课是素质教育的基础,一切素质教育都源于语文学习。因此,学生的语文水平常常是素质水平的体现。在中小学教育阶段,从小学启蒙到高中三年级,语文学科贯彻始终,位置突出。

中学语文课程致力于培养学生的语言文字运用能力,提升学生的综合素养,为学好其他课程打下基础;为学生形成正确的世界观、人生观、价值观,形成良好个性和健全人格打下基础;为学生的全面发展和终身发展打下基础。中学语文课程对继承和弘扬中华民族优秀文化传统和革命传统,增强民族文化认同感,增强民族凝聚力和创造力,具有不可替代的优势。中学语文课程的多重功能和奠基作用决定了它在九年义务教育中的重要地位。

随着我国教育改革的不断深入,高中语文教学改革进程也在不断加速中。素质教育的提出,促使了全面人才、以人为本等教育价值理念的形成。高中语文教学作为我国高中教学中的重要组成部分,是我国教学的重点科目,在我国人才培养中发挥着重要的作用。于是,素质教育理念的渗透也加速了我国高中语文教育内容方式的转变,直接推动了高中语文教学内容的整合。改革的思想和内容在新的教材中表现得淋漓尽致,使得语文教学更加多元化和开放化。这些变化从根本上改变了我国"灌输式"的教学模式,逐渐向以学生为主、促进学生全面发展的方向发展。

  我们处在一个学习化、信息化的社会,知识的老化和更迭的速度不断加快,教师专业知识在职前一次性学习管用终身的可能不复存在。教师的专业发展已经成为一个动态的、连续的过程。教师要在社会和自身行业中求得生存与发展,就必须通过不断地参加在职培训和学习,来更新教育观念、提升学科素养、掌握新的教学内容并使教学方式方法现代化,实现专业发展的持续化。

目 录

第一章　小学语文概述 ································· 001
　　第一节　小学语文教学设计的新理念 ··················· 001
　　第二节　小学语文常用的教学方法 ····················· 004

第二章　小学语文教师新技能 ························· 014
　　第一节　课堂导入技能 ······························· 015
　　第二节　课堂讲授技能 ······························· 025
　　第三节　课堂总结技能 ······························· 034

第三章　小学语文课堂教学设计 ······················· 043
　　第一节　课堂角色扮演活动设计 ······················· 043
　　第二节　课本剧活动设计 ····························· 052
　　第三节　课堂诗音画综合设计 ························· 065

第四章　初中语文综合性学习研究 ····················· 075
　　第一节　如何在语文综合实践中落实核心素养 ··········· 075
　　第二节　初中语文综合性学习教学策略 ················· 078
　　第三节　初中语文综合性学习教学 ····················· 080
　　第四节　在语文活动中提升学生语文素养 ··············· 084

第五章 初中语文活动与思维能力培养

第一节 文化自信视域下文学社团的建设 ············ 089

第二节 语文教学中学生思维品质的培养 ············ 091

第三节 发散思维在语文教学中的培养和运用 ············ 093

第六章 高中语文教学管理概述

第一节 高中语文教学管理的理论基础 ············ 095

第二节 高中语文教学管理的基本原则 ············ 104

第七章 高中语文主题单元教学研究

第一节 高中语文主题单元比较分析及教学 ············ 109

第二节 高中语文主题单元教学实践 ············ 113

第八章 高中语文写作教学探究

第一节 写作教学目标的设计与陈述 ············ 122

第二节 写作教学过程与方式方法 ············ 127

参考文献 ············ 137

第一章 小学语文概述

第一节 小学语文教学设计的新理念

一、小学语文课程的基本理念

(一)全面提高学生的语文素养

1.面向全体学生。

2.为学生的终身发展打下基础。

3.全面提高语文素养(知识与技能、过程与方法、情感态度与价值观三个维度目标的综合)。

(二)正确把握语文教育的特点

语文教育的特点主要包括:①丰富的人文内涵,熏陶感染作用,学生的独特体验;②实践性,以实践能力为培养目标,以语文实践为培养途径;③母语教育,学习资源,实践机会,感性把握能力;④汉语言文字特点对语文教育的影响,起始阶段的教育过程和方法,语感的整体把握。

(三)积极倡导自主、合作、探究的学习方式

其主要内容包括:①注意学生身心发展的特点,儿童学习语文的特点,个体差异与学习需求;②激发学生的学习兴趣、好奇心、求知欲和进取精神;③培养学生的合作意识和团队精神;④鼓励想象、质疑、发现、创新。

(四)努力建设开放而有活力的语文课程

1.综合。打通学科间的联系、语文与生活的联系。

2.实践。积极开发和利用课程资源,课内外学用结合。

3.创新。吸收新思路、新观念,运用新技术、新方法。

4.适应。满足不同地区、不同学校和不同学生的需求。

5.开放。自我调节,更新发展。

二、新时期新理念

(一)立德树人

党的十八大报告首次提出"把立德树人作为教育的根本任务",党的十九大报告又指出"要全面贯彻党的教育方针,落实立德树人的根本任务"。"立德树人"的本意是指自身树立德业,给后代做榜样,培养人才。它强调把"立德"摆在第一位,万事从做人开始,培养人才是长远之计。

(二)以人为本

新课程理念下的教学设计,要从过去的以教材为中心、以如何教为重点,转变为现在的以学生为中心、以如何促进学生有效学习从而获得发展为重点,真正体现"以学生为本,以学生的发展为本""一切为了学生,为了一切学生,为了学生的一切"的现代教学理念。

"课程基本理念"中指出:学生是学习的主体。语文课程必须根据学生身心发展和语文学习的特点,爱护学生的好奇心、求知欲,鼓励自主阅读、自由表达,充分激发他们的问题意识和进取精神,关注个体差异和不同的学习需求,积极倡导自主、合作、探究的学习方式。教学内容的确定、教学方法的选择、评价方式的设计,都应有助于这种学习方式的形成。

(三)完成三个转变

第一,转变教师角色,建立平等的师生关系。课堂是由教师和学生共同构建而成的信息传递的场所,关注教学过程中学生的表现,做到一旦出现问题就让学生发现、提出并解决。在解决问题的过程中,学生是否发挥了积极探究、小组合作的功效,是否提升了学生解决问题的能力。在学习交流的过程中,教师与学生在合作学习中相互启发、相互帮助,从而达到共同提高的目的。在整个教学的过程中,师生之间有了共同的目标,有了情感交流,达成了共识,构建了平等的、新型的、民主的师生关系,这就是在新课堂教学改革下教育教学的根本目的所在。

第二,改变教学方法,激发学生对语文的兴趣。教师必须改变传统的、压抑学生创造性的教学方法,采取民主态度,支持学生发表不同的意见,鼓励学生积极探索,为培养创造性人才营造良好的环境和氛围。教师要不断地改进教学方法,为学生提供充分的学习机会,使他们的个性在尝试中得到张扬,为他们的自主探究、交流创作打下良好的基础,为他们的发展铺设成功之路。

第三,创新学习方式,实现课堂的高效性。在教学中,教师要相信学生,让他们能发现问题、提出问题、大胆提出不同的看法,真正把课堂交给学生,使他们成为学习的主人。教师应当放手让学生动手、动口、动脑,让他们参与观察、思考、讨论、实践。

(四)以培养创新型人才为最终目标

创新型人才是时代发展的需要。在小学语文教学中,教师应当实施创新教育,培养学生的创新能力,增强学生的创新意识,树立学生的创新人格。

课堂教学应该是一个开放的教学空间。在教学氛围上,学生的心理是开放的、自由的、不压抑的;在教学内容上,学生不受教科书或教师知识和视野的限制;在学习思维上,学生可以表达与教师不同的观点,可以提出与课本不同的看法。教师可以采用引导的方式进行阅读教学,允许学生阅读他们自己能够理解的东西,鼓励他们大胆地说话,引导他们讨论和解决自己能够解决的问题。

(五)注重培养语文核心素养

第一,在语言理解能力方面,教师应当引导学生读懂文本的主要内容,使其了解文本表达的特点;应当引导学生积累优美的、有新鲜感的语言材料,使其具有初步的语感。

第二,在语言运用能力方面,教师应当引导学生根据具体语境(语言情境)和任务要求,在口头语言和书面语言表达中尝试着运用自己获得的语言活动经验,做到交流顺畅,文从字顺。

第三,在思维能力方面,教师应当引导学生在阅读、表达等语言活动中主动思考;应当引导学生运用想象与联想,形成对客观事物的初步认识、对语言和文学形象的初步认识,并具有初步的评判意识。

第四,在审美能力方面,教师应当引导学生感受汉字之美,使其具有热爱祖国语言文字的情感;应当引导学生感受人性之美,使其具有初步的审美体验。

第二节 小学语文常用的教学方法

教学方法是在教学过程中,教师和学生为实现教学目的、研究教学内容、运用教学手段而采取教与学相互作用的活动方法的总称。

教学方法的研究是教学理论研究的核心内容之一。从某种意义上说,教学研究的发展史就是人们探索有效教学方法的历史。纵览国内外有关教学方法的研究成果,历史上积累下来的教学方法是极其丰富的。孔子的"温故而知新""学而不思则罔,思而不学则殆",约翰·弗里德里希·赫尔巴特的"五段教学法",杜威的"从做中学",欧美学者的发现法和讲授法、归纳法和演绎法、媒传教学法和非媒传教学法,以及后来旨在探讨与各种教学情境和教学目标相吻合的多样化教学方法,在各国的母语教学中均发挥着不同程度的作用。

语文教学法是研究中小学语文的教学规律、教学原理的方法。近30年来,随着教育改革的深化,语文课程的发展呈现出生活化、多样化的面貌,也使得教学方法呈现出多样性、丰富性的特点。由于小学和中学的语文教学有很大差别,因而语文教学法还分为小学语文教学法和中学语文教学法。语文教学法还有一些分支,诸如识字教学法、语文基础知识教学法、阅读教学法、作文教学法等。

一、小学语文常用的教学方法

"教学有法,但无定法。"选用什么样的教学方法,需要以课程标准为指南、以课程改革为方向,针对教材的特点和学生的实际情况,依照本地文化的特色和教师的个人特长,选用恰当的教学方法。下面详细介绍小学语文常用的教学方法。

(一)讲授法

讲授法是教师通过简明、生动的口头语言向学生传授知识、发展学生智力的教学方法。

它通过叙述、描绘、解释、推论来传递信息、传授知识,引导学生分析和解决问题。

1.讲授法的主要方式。讲授法的优点是教师容易控制教学进程,能够使学生在较短时间内获得大量系统的科学知识。[①]但如果运用得不好,学生学习的主动性、积极性就不易发挥,甚至会出现教师"满堂灌"、学生被动听的局面。

讲授法的基本形式是教师讲、学生听,具体地说,又可以分为讲述、讲读、讲解三种方式。

讲述:教师向学生叙述、描绘事物和现象。

讲解:教师向学生解释、说明、论证概念和原理等。

讲读:教师利用教科书边读边讲。

2.运用讲授法的基本要求。

第一,讲授既要重视内容的科学性和思想性,又要与学生的认知产生联系。

第二,讲授应注意培养学生的学科思维。

第三,讲授应具有启发性。

第四,讲授要讲究语言艺术。语言要生动形象,富有感染力,条理清楚,通俗易懂,音量、语速要适中,语调要抑扬顿挫,适应学生的心理节奏。

(二)谈话法

谈话法是教师根据学生已有的知识经验,借助启发性问题,通过口头问

[①]李剑峰.练好"讲功",提升中学政治教育[J].文理导航·教育研究与实践,2016(2):103.

答的方式,引导学生通过比较、分析、判断等思维活动获取知识的教学方法。谈话法的基本形式是学生在教师的引导下通过独立思考进行学习。

谈话法的优点是教师能够比较充分地激发学生的主动性,促使学生独立思考,对学生智力的发展有着积极的作用,也有助于学生语言表达能力的锻炼和提高。谈话法的缺点是与讲授法相比,完成同样的教学任务,它需要更多的时间。此外,当学生人数较多时,教师很难照顾到每一个学生。因此,谈话法经常与讲授法等其他教学方法搭配使用。教师在运用谈话法时,应当注意以下几点。

1.做好充分的准备。围绕什么内容进行谈话?提出哪些问题?向哪些学生提问?学生可能做出什么样的回答?怎样通过进一步的提问引导学生?这些问题,教师都应当在事前进行周密的考虑和安排。

2.谈话要面向全体学生。尽管谈话只能在教师与个别学生之间进行,教师还是可以通过努力吸引所有的学生:首先,谈话的内容应当是能够引起全体学生注意的、在教学中具有普遍性和重要性的问题;其次,教师应当尽可能使谈话对象具有代表性,比如,选择不同层次的学生进行谈话;再次,在谈话时,教师可以适时加些适当的解释和说明,便于学生理解和接受。

3.在谈话结束时进行总结。在谈话中,学生表达想法时往往说得不够准确、精练,因此在谈话的最后阶段,教师应当用规范和科学的表述对学生所获得的知识加以概括和总结,从而强化他们的学习效果。

(三)朗读法

教师在课堂上充分运用朗读法,朗读优秀作品,品味其语言特点,感受其思想,教会学生如何通过"读"来领悟语言的魅力,从而发展想象力和审美力。

1.选择合适的内容进行朗读。事实上,并不是每一篇文章、每一首诗歌都需要进行全篇朗读,有些段落、章节迅速浏览一下即可,有些段落、章节则需要反复品读。

2.朗读的目标要明确。每一次朗读都要有一个明确的目标,既要体会语言所传达出的美,又要体会作者所写景物的画面感,揣摩作者是如何以情驭景、以景显情、情景交融的。

3.抓住关键词反复体会。很多诗歌、散文都有值得细细品味的字词,只要把握住关键的字词,读准关键字词的轻重缓急,整句、整段、整篇所传达出的感情也许就能准确把握了。

4.对比阅读文中相同的字词。可以将不同文章中相同的字词提出来进行对比阅读,不同的环境、不同的感情,一对比就一目了然了。

5.朗读的形式要多样。朗读的形式很多,诸如齐读、领读、分角色读等。在课堂上,教师一定要灵活选用多种形式对文本进行朗读,切忌整堂课齐读或者由教师承包所有的朗读,那样学生会失去学习兴趣,课堂也会显得枯燥乏味,也就很难达到预期的教学效果。

(四)讨论法

讨论法是指在教师的指导下,学生以全班或小组为单位,围绕教材的中心问题,各抒己见,通过讨论或辩论活动,获得知识或巩固知识的一种教学方法。其优点是可以培养全体学生的合作精神,可以激发学生的学习兴趣,也可以增强学生学习的独立性。一般在高年级学生或成人教学中采用。运用讨论法的基本要求如下。

1.讨论的问题要具有吸引力。讨论前,教师应提出讨论的问题和讨论的具体要求,指导学生收集与阅读有关的资料或进行调查研究,并认真写好发言提纲。

2.教师要善于引导学生自由发表意见。讨论时,教师要围绕问题的中心,联系实际,让每个学生都有发言的机会。

3.教师要适时进行归纳和总结。讨论结束时,教师应进行小结,概括讨论的情况,使学生获得正确的观点和系统的知识。

(五)直观演示法

直观演示法是指教师在课堂上通过展示各种实物,运用直观教具进行示范性实验,让学生通过观察获得感性认识的教学方法。它是一种辅助性教学方法,需要与讲授法、谈话法等教学方法结合使用。直观演示法的基本要求如下:①目的要明确;②现象要明显且容易观察;③尽量排除次要因素或减少次要因素的影响。

(六)练习法

练习法是指学生在教师的指导下巩固知识、运用知识、形成技能技巧的教学方法。练习法的优点是可以有效地发挥学生的各种技能技巧。任何技能技巧都是通过练习形成、巩固和提高的,在教师指导下进行各种及时、集中的练习,学生能够在这方面取得比较好的效果。练习法一般可分为以下几种。

1.语言的练习。该练习包括口头语言和书面语言的练习,旨在培养学生的表达能力。

2.解答问题的练习。该练习包括口头语言和书面语言解答问题的练习,旨在培养学生运用知识解决问题的能力。

3.实际操作的练习。该练习旨在帮助学生获得操作技能,在技术性学科中占有重要地位。

(七)读书指导法

读书指导法是指教师指导学生通过阅读教科书或参考书,以获得知识、巩固知识,培养学生自学能力的一种教学方法。学生独立阅读不仅是学生在校期间学习的一种重要方法,也是进行终身教育的一种重要方法,更是学习化社会中的一种必备技能。

1.指导学生掌握阅读教材的科学方法。教材是经过逻辑化、系统化处理的知识系统,是学生获得知识的主要来源。教师应指导学生做好课前预习和课后复习,指导学生阅读教材时提出问题、找出重难点,并试图去解决这些问题。

2.指导学生阅读课外书籍。一是教师要指导学生有计划地选择课外书籍;二是教师要指导学生掌握良好的读书方法,引导学生把读书与观察、思考结合起来;三是教师要指导学生处理好精读与泛读的关系。

3.指导学生做好各种形式的读书笔记。坚持勤写读书笔记,不仅可以保存资料,使知识在自己头脑中系统化,而且有利于书面表达能力的培养。

(八)"读、思、议、导"结合法

阅读教学不能仅限于现成的教材,那样学生的阅读量会太少、阅读面会太狭窄,学生的视野放不开。教师可以利用现成的教材教会学生阅读,让学生将课堂中学到的阅读方法延伸到课外。在阅读课文的教学中,应该先力争以学生为主体、教师为主导,然后让学生"读一读""想一想""议一议",最后由教师"点拨引导"。

(九)"读、写"结合法

由"读"到"写"是学生阅读能力进一步提高和升华的过程。这里说的"写",并不是说写写生字、写写课文,而要从大语文教学观来考虑。从低年级阅读教学中的写句子,到中年级阅读教学中的写片段,再到高年级阅读教学中的把人物、动物、活动、事件等写具体,并不是一日之功,需要教师耐心地、持之以恒地教给学生阅读方法,培养他们勤于动手、勤于练笔的习惯,逐渐培养他们对写作的兴趣。

例如,教师在教授《美丽的小兴安岭》(部编版三年级上册)一课之前,应先让学生观察家乡的景物,使学生明确作者是按四季的顺序描写小兴安岭的美丽景色的,表达了作者对小兴安岭的喜爱和赞美之情。借此让学生用文中学到的方法,按一定顺序写一处家乡的景物,诸如家乡的小河、家乡的柳树、家乡的果园等。学生在写作时不仅要写出景物的特点,而且其写作顺序也要很明确,还要适当表达自己的真挚感情。

(十)任务驱动教学法

教师先给学生布置探究性的学习任务,学生查阅资料、对知识体系进行整理,教师再选出重点进行讲解,最后由教师进行总结。任务驱动教学法可以以小组为单位进行,也可以以个人为单位进行。它要求教师布置任务要具体,学生要积极提问,以达到共同学习的目的。任务驱动教学法可以让学生在完成"任务"的过程中,培养分析问题、解决问题的能力,培养学生的独立探索及合作精神。

(十一)参观教学法

参观教学法是指组织或指导学生到实践基地进行实地观察、调查、研究、学习,从而获得新知识或巩固已学知识的教学方法。参观教学法一般由校外实训教师指导和讲解,要求学生围绕参观内容收集有关资料、质疑问难、做好记录,待参观结束后,整理参观笔记、写出书面参观报告,将感性认识升华为理性知识。参观教学法可以使学生巩固已学的理论知识,并掌握前沿知识。参观教学法可以分为准备性参观教学法、并行性参观教学法、总结性参观教学法。

(十二)现场教学法

现场教学法是指以现场为中心,以现场实物为对象,以学生活动为主体的教学方法。例如,为配合教学部编版小学语文三年级上册《灰雀》一课,教师可以先安排学生阅读课文,再安排现场课。教师先让学生阅读课文,找出作者是如何描写灰雀的,明确作者是抓住灰雀外形及动作展开刻画,"两只胸脯是粉红的,一只胸脯是深红的。它们在树枝间来回跳动,婉转地歌唱,非常惹人喜爱",教师通过引导学生学会从不同角度对动植物进行观察,诸如外形、颜色、声音、动态或者静态等;之后,教师再让学生分享交流,使其了解刻画某种动植物或者人物不应面面俱到,而应有所侧重;接着,教师引导学生做现场观察训练,实地提供动植物(兔、公鸡、白鹅、狗、猫、月季花、蝴蝶兰等),让学生自由选择对象,令其把课堂上学习的观察方法运用到实际中,并用生动形象的语言写下来。

(十三)自主学习法

为了充分拓宽学生的视野,培养学生良好的学习习惯和自主学习能力,增强学生的综合素质,教师通常会给学生布置一些思考题,让其利用网络资源自己寻找答案,并提出解决问题的措施。

自主学习法主要应用于课程拓展内容的教学。当遇到项目教学未涉及的科学知识时,教师可以组织学生自主学习,使其按照论文的形式撰写小文章,并交由教师评价。该教学法可以锻炼学生提出问题、解决问题及进行科技写作的能力。

(十四)问题探究式教学法

问题探究式教学法是指在教师的组织和指导下,学生通过独立的探究和研究活动,探求问题的答案,从而获得知识的教学方法。

运用问题探究式教学法时,应注意以下几方面的要求:第一,努力创设一个有利于学生进行探究发现的良好的教学情境;第二,选择和确定探究发现的问题与过程;第三,有序组织教学,积极引导学生的探究发现活动。

问题探究式教学法实施的基本步骤:第一,创设问题的情境;第二,选择与确定问题;第三,讨论与提出假设;第四,实践与寻求结果;第五,验证与得出结论。

(十五)训练与实践式教学法

通过课内外的练习、实验、实习、社会实践、研究性学习等以学生为主体的实践性活动,教师可以帮助学生巩固、丰富、完善其所学的知识,培养学生解决实际问题的能力和多方面的实践能力。

(十六)基于现代信息技术的教学法

现代教学媒体根据人接受信息的感官不同,可以分为视觉媒体、听觉媒体、视听媒体、交互媒体等。

现代信息技术的迅猛发展促使现代教学法飞速进步,作为高科技产物的计算机辅助教学已融入我们的课堂教学中。在课堂教学中,利用计算机对文字、图像、声音、动画等信息进行处理,形成声、像、图、文一体化的多媒体教学系统,从而进行视、听、触、想等多种方式的形象化教学,既可以激发学生的学习欲望,又可以引导学生对教学内容进行理解和掌握,弥补了传统教学方式在直观性、立体感、动态感等方面的不足,使一些抽象、难懂的内容变得易于理解和掌握,取得了传统教学方法无法取得的效果。

(十七)过程教学法

过程教学法的教学重点主要放在学生的写作过程上,强调在学生写作过程中教师可以帮助他们发现、分析、解决问题。教师通过多样化的教学活动,侧重在语篇水平上指导学生写作,包括构思、写提纲、写初稿、修改等各个写作环节。教师的指导贯穿于整个写作过程,直至最后成文。

(十八)主题教学法

主题教学法以培养学生的综合能力为目的,以研究实际问题为教学内容,着重引导学生掌握原理与方法。主题教学法就是通过对原理与方法的教授,引导学生根据自己的需求,自主建立适合自身特点的知识框架,以获得完整的思考体验。

基本模式:引出话题—梳理话题—确定主题—自主探究—反馈交流—赏读领悟。

(十九)情境教学法

儿童教育家、全国著名特级教师、南京师范大学兼职教授李吉林创立了情境教学法。该教学法是指在教学课堂上,教师有目的地引入或创设具有一定情绪色彩的,以形象为主体的生动具体的场景,以引起学生一定的情绪体验,从而帮助学生理解教材。情境教学法创设的教学情境科学、适度、恰当,在课堂上能激发学生的求知欲和好奇心,增强学生乐于参与活动的兴趣,引导学生沉浸在探索、思考和发现的情境中,挖掘学生的内在潜力,开发学生的智力、能力和想象力,培养学生的创造意识和自主探究、合作探究的能力。

1.情境教学法的特点。

第一,创设生活情境,激发学生的求知欲。

第二,创设设疑式情境,激发学生的好奇心。

第三,创设讨论、操作式情境,增强学生的自主探究能力。

第四,创设争论式情境,启迪学生的发散思维。

2."真、美、情、思"形成独特优势是情境教学法的基本模式。

第一,讲究"真",给学生一个真实的世界,使其在符号学习与多彩生活中获得乐趣。

第二,追求"美",给学生带来审美愉悦,使其在熏陶感染中生成主动学习的动力。

第三,注重"情",与学生真情交融,使其在认知活动中获得情感体验。

第四,学会"思",给学生带去思考,使其在理性的力量中成长。

(二十)快乐教学法

快乐教学法是指面向全体学生,着眼于人的全面发展的教育,体现以教师为主导、学生为主体的"双边作用",做到"教书育人、管理育人、服务育人、环境育人",实现在发展中求愉快、在愉快中求发展的一种教学方法。

近年来,我国广大小学教师和研究工作者,针对小学生天真活泼、爱唱爱跳的特点,不失时机地利用其智力发展的最佳期,积极挖掘教材本身所蕴含的快乐因素,把快乐引进课堂,创设了诸如愉快游戏式、想象引导式、动态图片式、情境表演式、故事感染式、新奇引趣式、轻松音乐式、竞赛激励式等多种形式的快乐教学法。

(二十一)案例教学法

案例教学法是一种以案例为基础的教学方法。案例本质上是设置一种教育的两难情境,没有特定的解决之道,而教师在教学中扮演着设计者和激励者的角色,鼓励学生积极参与讨论。案例教学法不同于传统的教学方法,在传统教学方法中教师是一个很有学问的人,并扮演着知识传授者的角色。

1.鼓励学生独立思考。在案例教学法中,学生要学会自己去思考、去创造,使枯燥乏味的知识变得生动有趣。

2.引导学生变注重知识为注重能力。知识不等于能力,知识应该转化为能力。学生一味地学习书本上的知识而忽视实际能力的培养,不仅会阻碍自身的发展,也会给日后的学习带来不利的影响。

3.重视双向交流。在案例教学中,学生拿到案例后,先要进行消化,再查阅各种理论知识,加深对知识的理解,然后经过缜密的思考,提出解决问题的方案,最后请教师给予指导。这不仅可以提高学生的自主学习能力,还可以促使教师加深思考,根据不同学生的不同理解补充新的教学内容。因此,双向交流的教学形式对学生与教师都提出了更高的要求。

第二章 小学语文教师新技能

21世纪是一个充满竞争与挑战的世纪,新的时代、新的社会需要的是全面性、创新性、综合性的素质化人才。为了顺应时代的发展要求,小学语文教师既要掌握传统的教师技能,致力于教案设计、课堂教学、作业批改、课外辅导、课堂评价、课后反思、教学研究,继续加强教学"听说读写"基本功的训练,又要提升新的教学技能,做一名优秀的小学语文教师。

一、学习现代教育理念

现代教育理念强调学生是教学的主体,教师在教学中起主导作用。教师应着力培养学生的应用能力和创新能力,主张通过自主、合作、讨论、探究的方式获得知识;教师应转变教育思想,优化教学措施,培养学生的创新思维,促进学生全面发展。在强调教育的社会化、终身化的时代要求下,教师要与时俱进,不断更新知识,提升自身的学习能力。

二、跨学科、跨领域发展,提高综合素质

教师应说得一口标准的普通话,写得一手漂亮的粉笔字,画得有点样子的简笔画,唱得几首歌,编得几段舞蹈,演得一出课本剧。在课堂上,把课本上的语言文字转化成音乐、舞蹈、绘画、戏剧来演绎。部编版小学语文教材选文具有典范性,文质兼美,富有文化内涵和时代气息。小学语文课堂可以多些诗情画意,教师应通过各种形式来开展课堂活动。

三、积极应对新课程,增强对新课程的整合能力

课程内容的综合性、弹性加大,教材、教参为教师留有的余地增多,教师需要提升自己的教学能力,采用自己认为合适的教学形式和教学方法,开发、利用课程资源。

四、提高信息技术与学科教学有机结合的能力

随着新媒体、新技术的迅猛发展和普及,运用新媒体、新技术进行教育教学已经在很多学校广泛实施。这些新媒体、新技术以形象的文字、清晰的画面、丰富的色彩、悦耳的声音,生动形象地呈现出教育教学的内容,可以使教学过程变得生动活泼,更具吸引力。教师要掌握现代教育技术,培养现代教育意识与教育教学能力,能够熟练地运用教学网站,在各种优质的教学网站上寻找资料,或吸收和借鉴名师讲课的精华。借助网络资源,教师还可以在教学平台上批改作业、发送评语、向家长发布信息等。

五、加强阅读能力的培养,提高阅读速度和阅读质量,掌握阅读方法

课文是小学语文教材重要的内容,一位优秀的教师要善于从教学目的、学情出发,辨文字、释词语、析句子、分段落、理篇章、归主旨,还要具备良好的阅读能力。部编版小学语文教材力图把"教读""自读""课外阅读"三者结合起来,设置独立的阅读单元。编写组的专家建议教师采用"1+X"的教学模式,即讲一篇课文,附加若干篇课外阅读的文章。面对这样的变化,教师应灵活地掌握精读、略读、浏览、跳读等阅读方式,同时具备较高的分析文章的能力。

第一节 课堂导入技能

课堂导入是指在教学的起始阶段,教师运用一定的方式引导学生进入学习状态的行为方式。作为课堂教学的重要一环,导入一般出现在一节课的开始,有时也可以出现在课堂教学某一个教学环节的起始阶段。成功的课堂导入需要教师研究课文,针对学情,借鉴成功经验,考虑到导入设计的可行性与可操作性。

一、导入的作用

(一)集中注意力,做好衔接过渡

注意力是指心理活动指向和集中于一定对象的能力,其生理基础是大脑

皮层优势兴奋中心的形成和稳定,优势兴奋中心能保证对当前作用于大脑的事物产生清楚的反应,故注意力是深入了解事物、提高工作效率的必要条件。虽然它不是一个心理过程,但是它存在于所有心理过程之中。

一般来说,在教学活动的起始阶段,学生的注意力常常停留在课前的活动上,其兴奋点尚未转移到教学活动上来,也不清楚教学活动的目标,对课堂教学活动表现出不够关心、不知不解、不求甚解的状态。从课前骚乱到课堂肃静,从课间休息时的打闹到上课铃响后的宁静,需要有个过渡阶段。这就需要教师通过有效导入,引起学生对学习内容的注意,使学生大脑的优势兴奋中心转移到教学活动上来。

(二)激发学习兴趣,促进动机生成

动机是个体发动和维持某种活动的心理状态,也是激励人采取行动的主观原因,它时常建立在需要的基础上。强烈的动机会激发学生对知识的渴望,使学生主动摒弃各种干扰,并集中注意力听讲。兴趣是持久学习的需要,教师在引起学生的注意之后,就要设法诱发学生的学习动机,激发其学习兴趣。有效导入对学生学习动机的生成是非常必要的。在导课过程中,教师风趣幽默的讲解、富有感情的朗诵、漂亮美观的板书、潇洒动人的风姿或一幅美丽的绘画、一首美妙的乐曲都可以吸引学生的注意,激发学生学习新课的兴趣。

(三)明确学习目标,确定全课基调

高尔基曾说:"最难的是开始,就是第一句话。如同在音乐上一样,全曲的音调,都是它给予的,平常得好好去寻找它。"教师的导入语基本上奠定了一节课的基调,直接显示课文的内容和情感的基调,让学生明确目的和要求,宛如一首乐曲的前奏,让学生把握基本旋律,如:散文像一首舒缓的歌,记叙文像一条平静的河,说明文像一场绵绵的春雨。只有实现了内容定旨、情感定调、语调定格,开场白才算充分地发挥了效力,整个课堂教学才会井然有序、有条不紊。

(四)创造学习氛围,促进师生情感沟通

师生之间的情感交流是上好一堂语文课的前提条件。教师一开始就应

当通过风趣的、富于启发性的语言,使学生进入一种融洽的学习氛围中,以饱满的精神状态去获取新的知识。课堂导入还能化解学生对教学的抗阻情绪,使学生从心底流淌出对新知识的渴望、对教师的仰慕之情。

(五)温故而知新,促进新旧知识联系

在已有知识的基础上引出新内容,让学生建立新旧知识的联系,使学生能顺利地将新知识纳入自己的知识结构之中。因此,教师必须在课程的起始阶段,给学生补充或展现必要的背景知识,让学生在新旧知识之间找到恰当的联结点,以确保新旧知识的实质性联系。

二、小学语文常见的导入类型

好的开头是成功的一半,自然、流畅的导入设计是课堂的序曲,也是课堂成功的关键。创设出好的课堂开头,要秉持自然、本真、唤醒、灵动、和谐、创新的价值追求。教师应该针对不同的课堂内容,研究小学生的年龄特点、知识程度和接受能力,恰当地使用自然、新颖的导入方式。用3~5分钟吸引学生的眼球,凝聚学生的注意力,自然顺利地导入教学是一门学问,值得每一位教师潜心思考。下面结合部编版小学语文教材内容探讨几种常见的导入方法。

(一)情境导入法

通过设置具体的、生动的环境,让学生在课堂教学开始时,就置身于某种与课堂教学内容相关的情境之中,促使学生在形象的、直观的氛围中参与到课堂教学之中。教师所用的工具有录音、视频、图片等。这样的导入设计能让学生很快进入课文的语境之中,使学生能集中注意力,并关注与课文有关的内容、人物。其种类主要有以下几种。

1.游戏情境。小学生,特别是中低年级的小学生,集中注意力的时间较短,注意力的稳定性差,分配注意力的能力弱,注意的范围小。教师可根据不同的教学内容和小学生好动、喜欢做游戏的特点,创设一种游戏情境,使他们心情愉悦,让他们在游戏活动中学习新知识。

2.故事情境。小学生特别喜欢听故事,教师可以通过讲故事的形式激发他们学习的兴趣,促使他们积极探究。

3.用多媒体创设情境。小学生对形象逼真的动画片、色彩艳丽的卡通片、生动活泼的事物等非常感兴趣,其思维容易被激活。

4.现场模拟创设情境。教师依据课文内容模拟设置一个生活场景,诸如家、公园、饭店、商场等,学生根据生活场景开展游戏。

5.教师语言描绘情境。这是比较传统的情境导入,教师用绘声绘色的语言描绘一个跟课文内容相吻合的情境。

6.悬念情境。在课堂中创设悬念,容易引起学生极大的探究热情,有利于引发每个学生对问题的深层次思考与研究。

《草船借箭》(部编版五年级下册)是根据我国古典名著《三国演义》中的故事改写而成的,主要描写周瑜嫉妒诸葛亮的才干,要诸葛亮在十天之内造好十万支箭,想以此为难他。诸葛亮趁江上大雾,把船用绳索连起来向对岸开去,用妙计向曹操"借箭",挫败了周瑜的计划,表现了诸葛亮有胆有识、才智过人的品质。作为古典名著节选类的课文,需要交代故事背景、原著的大致情节。怎样才能处理好这些环节而又不占用太多的时间呢?我们可以这样设计。

第一步,教师利用语言创设情境:"东汉末年,曹操、刘备、孙权各据一方。当时,曹操率军刚刚把刘备的军队打败,又想挥师进攻孙权。孙权和刘备唯恐曹操吞并自己的领地,就商议决定联合起来对付曹操,先下手为强。"

第二步,教师出示三国鼎立的形势图,引导学生观看魏、蜀、吴三国的地理位置。教师指着图片说:"请看当时的局势图,了解什么是三国鼎立。"

第三步,教师给学生看周瑜和诸葛亮的图像,之后进行讲解:"刘备派遣自己的军师诸葛亮到孙权那里协助作战。孙权麾下有一员大将,名字叫周瑜。他嫉妒诸葛亮的才能,暗地里企图加害诸葛亮。他假借商议军事之名,叫诸葛亮十天之内必须造十万支箭,但诸葛亮称只需三天。在这三天里,周瑜又设置了种种障碍,不但不给诸葛亮造箭所用的材料,而且让诸葛亮立下军令状,假如三天之内造不出十万支箭,诸葛亮就会被就地正法。欲知诸葛亮如何三天之内造出十万支箭,让我们一起去看看诸葛亮如何'草船借箭'吧。"

这个导入设计合理地运用了情境导入法,使用了悬念法、图片法、教师解说法等方法,综合创设了符合课文内容的情境,突出了人物的性格特点,强调了人物的矛盾与冲突,引发学生的好奇心,推动着学生去了解课文内容,同时还介绍了课文背景。

(二)解题导入法

课文标题是文章的眼睛,它往往与文章的立意有着密切关系,解题导入法就是抓住课文标题中的关键词加以解释,帮助学生从一开始就对这一课的内容有大致的了解。教师通过解释标题,引发学生对教学内容的关注,引导学生带着强烈的兴趣学习新的内容。

《美丽的小兴安岭》是一篇科学小品文,作者按照总—分—总的思路来介绍小兴安岭春、夏、秋、冬不同的景色和物产。全文紧扣"美丽"一词来展开叙述。教师设计课程时可以考虑从题目来导入。

师:今天我们要学习一篇新课文,请同学们齐读一遍课题。

生:《美丽的小兴安岭》。

师:我想问问同学们,读了课题,你们有什么感受呢?有什么问题想问吗?

生:(预设1)课题为什么叫《美丽的小兴安岭》?我想知道小兴安岭在什么地方?(预设2)小兴安岭很美丽,我想知道小兴安岭到底美在哪儿呢?

师:课题为什么叫《美丽的小兴安岭》?它到底美在哪儿呢?同学们想不想看看小兴安岭的图片呢(出示课件)?

师:刚才老师把小兴安岭搬到了我们的教室里,那么同学们想不想知道美丽的小兴安岭在我们国家的什么地方呢(出示课件)?小兴安岭在我国黑龙江省的北部,是我国的重要林区之一。

师:刚才我们欣赏了小兴安岭的图片,同学们想说什么呢?

生:小兴安岭实在是太美了!我真想到那里去看一看!

师:既然大家都想去,那么现在就跟随老师去看看《美丽的小兴安岭》的作者是怎样描述这里美丽的景色的。请大家打开书,用自己喜欢的方式来朗读课文吧!

一般而言,小学语文教材中的每篇课文都需要理解题目,大多数课文的题目都是对课文内容的揭示。第一课时的教学设计可以从解题入手,抓住课题中的重点词语进行分析,既符合学生的好奇心理,又提示了课文的重点。这不仅能激发学生的学习兴趣,还能培养学生的审题能力。

(三)背景导入法

小学语文教材的选文范围很广,涉及古代、现代和当代,小学生生活阅历很浅,有些课文的内容会让小学生感到陌生,特别是历史名人故事、国内外名著等课文。当我们碰上这些课文时,需要介绍课文背景、课文中的人物和作者,以便拉近与作者之间的距离。

《青山处处埋忠骨》(部编版五年级下册)是一篇关于伟人的故事。毛主席的儿子在抗美援朝战争中壮烈牺牲了,毛主席悲痛万分,朝鲜人民认为毛主席的儿子就是他们的儿子,要将他埋在朝鲜。毛主席经过了一夜的思考,终于决定尊重朝鲜人民的意愿,青山处处都可以埋忠骨,何必一定要将自己孩子的遗体运回家乡安葬呢?课文表现了毛主席深沉的情感、博大的胸怀。我们可以这样设计。

师:现在,老师给大家认识中华人民共和国的缔造者(出示毛主席的图片)。大家认识他吗?

生:(预设)认识。

师:他就是伟人毛主席,我们今天能过上幸福的生活离不开他。在战争年代他失去了好几个儿子,包括他的长子毛岸英。请同学们认识他(出示图片)。在抗美援朝战争打响的时候,毛主席把他的长子送到前线,毛岸英在这场战争中壮烈牺牲了。

师:同学们想一想,毛主席当时是什么心情?

这样的课程设计,既有直观的图片,又有详细的介绍,一下子把与课文有关的知识点串起来了。这不仅可以帮助学生理解作者的创作目的,还可以帮助学生更深刻地理解课文内容。

(四)温故知新导入法

温故知新导入法是指通过复习旧知识,找到新旧知识的联结点,顺理成章地引出新知识的一种导入方法。回顾旧知识时,通常是先在教师的带领下回顾,学生给予相应的回应,然后教师利用新旧知识之间的联系引出新的知识点。教师在设计课文第二课时时,主要是通过生字的复习和检查来进行导入的。假如教师在第一课时就设计了导入的内容,一般是为了跟本单元的其他课文做一个知识的衔接。

《古诗三首》(部编版四年级上册)按正常的排课一般会安排2个课时,那么,三首诗歌之间不可能孤立地讲解,必须有衔接。因此,第二课时导入就可以这样处理。

师:上节课我们一起学习了白居易的《暮江吟》,诗人选取了从红日西沉到新月东升这段时间里的两组景物进行描写,赞美了夜露的美,表现了诗人对大自然的喜爱之情。接下来,我们来读苏轼的《题西林壁》,看看他是如何表现庐山真面目的。请同学们依照上节课的方法划分好古诗的节奏并朗读。

(学生划分节奏、朗读)

师:怎样学习这首古诗呢?让我们先回顾之前学习古诗的步骤和解决疑问的方法。

(师生共同梳理)

师:这节课我们就用这种方法,学习《题西林壁》和《雪梅》这两首古诗。

这种导入能把第一节课和第二节课衔接起来,实现知识的迁移,而旧知识在回顾中又得到了巩固。

(五)谜语导入法

学生好奇心特别强,遇事总爱追根问底,根据这一特点,教师可以利用谜语导入新课。谜语导入法主要运用猜谜的形式揭示题旨,旨在充分调动全体学生的积极性,激发学生的学习兴趣,开拓学生的思维,活跃课堂气氛。这种方法广泛运用在美术、音乐等课程中,适合在低学段的小学语文课堂中应用。部编版一年级下册《猜字谜》一课有"左边绿,右边红,左右相遇起凉风,绿的喜欢及时雨,红的最怕水来攻",生动有趣的儿歌中嵌进了一个字谜,既直奔主题又活跃课堂。这不仅可以激发学生的思维,还可以引导学生掌握一种识字的方法。

此外,阅读课也可以运用谜语导入法。《小蝌蚪找妈妈》(部编版二年级上册)是一则童话,它运用了对话的形式来说明小蝌蚪是如何变成四条腿的青蛙的。

师:同学们,今天老师给大家介绍一位新朋友,大家来猜猜它是谁。"小黑鱼,滑溜溜,圆圆脑袋长尾巴,池塘里面游啊游。"大家知道它是谁吗?

生:小蝌蚪。

师:对,它就是小蝌蚪。我们都有妈妈,可是我们的小蝌蚪遇到了一个难题,它不认识自己的妈妈,这是怎么一回事呢?最后小蝌蚪找到它的妈妈了吗?今天我们就来学习《小蝌蚪找妈妈》这篇课文。

这篇课文讲述的是青蛙的成长历程,选用谜语导入法既符合课文内容,又能让学生结合自己的生活经历来寻找答案。无论猜对的学生还是猜错的学生都热情高涨,活跃了课堂气氛。

(六)游戏导入法

游戏是儿童的天性。在小学阶段,教师适当地将游戏融入课堂教学,可以吸引学生的注意力,激发他们的学习热情和学习兴趣,从而达到提高课堂效率的目的。低学段的拼音识字课利用游戏的方法来引导学生学习是非常好的方法。游戏导入法在课堂上使用的目的主要是激发学生的学习兴趣,鼓励学生积极地参与课堂学习。小学阶段常用的游戏有"开火车""穿山洞""采蘑菇""摘苹果""找朋友"等。

例如,"欢乐对对碰"游戏用在课堂导入中就很合适。教师在课前准备一个转盘,在课上让学生转转盘。随着转盘的转动,形旁和声旁会组成不同的汉字。例如,形旁"氵""马""女""亻"分别与声旁"也"组成四个不同的形声字,即"池""驰""她""他"。这样一种既有童趣又极富智慧的拼字游戏,不仅能让学生在快乐的游戏中轻松地掌握一批有规律的汉字,也能形象地告诉学生形声字是由形旁和声旁两个部分组成的,即声旁表音,形旁表义。

此外,阅读课也可以结合内容设置游戏。《曹冲称象》(部编版二年级上册)这篇课文说的是,曹操的儿子曹冲自小聪慧,并懂得如何给一头大象称重的故事。我们可以这样设计。

师：同学们，今天我们先来做个游戏，好不好？

生：好！

（老师拿出电子秤，分别让学生称东西。一个学生称了一个苹果，记下了重量；另一个学生称了五个梨，记下了重量……同学们都想参与，课堂上气氛高涨）

师：现在，同学们都知道，要想知道物体的重量可以用秤来称重。很方便，是不是？

生：是。

师：可是，在古代，要想知道一头大象的重量该怎么办呢？

生：用很大很大的秤称……

师：今天我们一起来学习《曹冲称象》，课文会告诉我们答案。

这种将游戏引入小学语文课堂中的方法，不仅能使学生积极地参与到教学活动之中，还能够活跃课堂气氛，在丰富多彩的游戏中让学生爱上语文，从而达到"玩与学"相结合的目的。针对学生不同年龄阶段的心理特点，先组织学生做游戏，再增加新知识，便于学生学习。

(七) 图音画结合导入法

在小学阶段，学生的形象思维能力较强，抽象思维能力正在形成。所以，在课堂中，教师可以借助音乐、图片、视频等形式，创设一种匹配课文内容的诗意情境，把学生直接带入课堂，在轻松的教学氛围下，引导学生对新课产生兴趣，提高学生的听课效果。

《敕勒歌》（部编版二年级上册）是一首北朝民歌，诗歌中展现了阴山脚下敕勒人生活的大草原的风光。敕勒川位于内蒙古一带，大多数学生都没有去过。我们可以这样设计。

师：我们祖国风光秀美，山川壮丽。今天，老师带你们到草原去游一游（课件展示草原风光的图片，播放草原歌曲）。

师：看到这美丽的风光，你们想用哪些词语或句子来表达自己内心的感受？快来说一说！

生1：草原真辽阔！

生2：草原真美啊！

生3：草原真是一望无际啊！

师：蓝蓝的天空，洁白的云朵，一望无际的绿色，成群的牛羊……这就是草原，游牧民族可爱的家乡。从古至今，草原人民都在用满腔的热情歌颂着自己的家乡。1600年以前，在这片辽阔的大草原上，曾生活着一个少数民族——敕勒族。他们用一首优美的诗歌赞颂着自己的家乡，今天我们就来学习这首《敕勒歌》。

这种借助于与课文内容联系紧密的图片、音乐的图音画结合导入法，方式灵活多变，有利于调动学生的情绪，帮助学生克服紧张的心理，活跃课堂气氛。

（八）图片导入法

部编版小学语文教材针对学生的心理特点，每篇课文都配有插图，图文结合，用直观的图画帮助学生理解相对抽象的文字。教师要善于利用这一直观形象的教学资源，巧用插图进行导入。这些插图形神兼备，能帮助学生感知、理解文本。教师要引导学生细心观察、形象描绘、合理想象，这样会产生意想不到的效果。针对说明文，教师可以运用图片导入法引导学生仔细观察图片，并理解课文内容。

《赵州桥》（部编版三年级下册）是一篇说明文，在上课伊始，教师可以利用课件展示中国各种古老的桥。《纸的发明》（部编版三年级下册）是一篇说明文，教师可以利用课件展示各式各样的纸产品。《一幅名扬中外的画》（部编版三年级下册）也是一篇说明文，教师可以从展示《清明上河图》开始讲授，这不仅能激发学生的学习兴趣，还能激发学生心中的自豪感和神圣感。

《太空生活趣事多》（部编版二年级下册）是一篇说明文，主要介绍了人类登上太空后在船舱里生活工作的趣事。我们可以这样设计。

师：同学们，2003年10月15日中国发生了一件令全国人民激动的事情，那就是"神舟五号"载人飞船发射成功了。你们想不想回到那一天？我们一起来观看视频（播放"神舟五号"载人飞船发射成功的视频）。在这段视频里，航天员杨利伟不仅完成了他个人的飞天之旅，还成功地让他的足迹留在太空中,让五星红旗飘扬在太空中。请同学们仔细观察,你们有什么新发现?有什么新感受?

生1:看见杨利伟漂浮在船舱内。

生2:看见杨利伟坐着的时候需要固定。

生3:看见杨利伟走路的姿势很怪。

师:同学们观察得很仔细。因为太空舱中的任何物品都处在失重的状态下,所以大家就看到了这些有趣的现象。下面让我们一起走进课文,去体验人类是如何在太空中生活的。

太空与我们实际生活的空间有着一定的距离,所以教师展示杨利伟登上"神舟五号"载人飞船的图片,不仅能让学生产生直观的感受,也能激发学生的爱国之情和自豪感。

综上所述,适合小学语文教学的导入方法还有很多,诸如单元导入法、作者导入法、词句导入法、对比导入法、点评作业导入法等。课堂教学导入虽有方法但无定法,教师要根据课文特点、教学目标和学生的实际情况来选择有效的导入法。当然,为了取得较好的导入效果,还应做到因课制宜,善于将各种导入法整合运用到一起,这样才能发挥导入法的效果,并取得良好的成效。

第二节 课堂讲授技能

讲授是语文课堂教学的重要手段之一,也是语文教学最基本的形式之一,在课堂教学中起着举足轻重的作用。教师要善于指导学生正确地理解课文的思想内容,体会课文所表达的思想感情;要指导学生理解语言文字是怎样表达思想感情的。教师的讲解技能直接影响课堂教学的氛围和教学效果,也影响教学其他环节的实施。新时期,语文课程改革提倡以"教师为主导,学生为主体",讲授已由过去"一言堂"的教学方法转向多元的教学方法,但是讲授的作用依旧不可替代。

一、小学语文讲授法原则

(一)规范准确

语文教学,首当其冲的就是语言教学。教师必须教授学生正确地理解和运用汉语言文字。因此,教师的课堂语言必须规范、清晰、准确、严谨。小学语文是一门基础学科,学生对语文知识掌握的程度,将影响其今后的学习和发展。教师在课堂上所讲的内容要准确无误,遵守语音、词汇、语法、书写等方面的标准和规范,不能出现知识性差错,让学生养成良好的习惯。

(二)形象活泼

在讲授过程中,教师要对讲授内容进行加工,把抽象的理论形象化,绘声绘色地呈现课文内容。教师可以借助表情、动作、实物、图像、多媒体等手段,对讲授内容进行形象化的描绘,这是学生理解和接受的首要条件。在小学语文教学中,要想让课堂氛围活跃起来,教师就要根据学生的身心成长需要及课文内容,辅助以体态语言。例如,《狐假虎威》(苏教版二年级下册)一文,为了能让学生很好地领会到小狐狸的狡诈、大老虎的无知,教师要能在讲解中配以惟妙惟肖的体态语言,活灵活现地展现小狐狸的狡诈和大老虎的见识短浅;教师要努力提高自己的知识文化水平,组织自己的语言,用流畅、生动、优美的语言引导学生进入美好的意境,用自己的语言带领学生进入忘我的境界。

(三)生动有趣

教师在讲授时感情要充沛,语言表达要清晰、简洁,富有表现力和感染力,感情要有起有伏,要善于把抽象的概念具体化、深奥的道理形象化、枯燥的知识趣味化;在讲授时犹如与挚友促膝谈心,感情炽热,心心相印。例如,《欢乐的泼水节》(苏教版二年级下册)一文,讲的是周总理和少数民族群众过泼水节的故事。教师可以先借助多媒体给学生创设一种欢乐、祥和的气氛,再用语言描绘美丽的西双版纳,然后说明有关泼水节的来历,最后还可以介绍一些有趣的节日,诸如火把节、刀杆节、花山节、月亮节等,增加趣味性。假如有学生去过西双版纳,教师还可以让他们讲一讲旅游过程中的见闻和感受,为课堂创设出浓郁的情感氛围,铺设一座与文本交流的情感桥梁。

(四)简洁明了,条理清晰

简洁就是语言精练、简单,讲课不拖泥带水,条理清晰,富有层次。小学阶段的课文从低年级开始字数依次递增,篇幅不会很长,但精选的每篇课文都是按照一定的结构层次安排的。教师必须深入钻研和分析教材,把握教材的编写特点,才能进行有针对性的讲解和分析,提高学生的阅读能力。教师在授课时语言要尽量精练,推进课堂进程。

(五)启发思维,寓教于乐

教师要把一定的思想、道德观念、感情传达给学生,引导学生积极思考和实践,提升学生的思维能力,其关键在于启发并鼓励学生质疑问难。教师要巧妙引导,帮助学生达到活跃思想、拓展思路、发散思维的目的。比如,寓言故事类作品,教师在绘声绘色地讲解故事时要提示寓意。《守株待兔》(部编版三年级下册)是启发学生不要存有侥幸心理,不要想着不劳而获,要想获得成功,需要付出相应的努力;《揠苗助长》(部编版二年级下册)是要让学生明白违反事物的发展规律、急于求成,反而会坏事。一篇篇课文就是在愉快的氛围中,让学生增长见识、养成健全的人格。

(六)激发联想和想象,引导学生积极思考,丰富学生的思想感情

教材中有不少文情并茂的文学作品,诸如诗歌、童话、散文等,都充满了诗情画意。教学目标之一就是引导学生结合自己的生活经验想象作品所提供的画面、形象和意境等,让具体的形象在脑中鲜活起来。但凡优秀的文学作品都包含着作家对生活的理解和评价,对真、善、美的颂扬,对假、恶、丑的批判。这对培养学生的审美情趣、提升创造美的才能,都具有深远的意义。

二、讲授法的利与弊

课程标准指出:学生是语文学习的主体,语文教学应激发学生的学习兴趣,注重培养学生自主学习的意识和习惯,为学生创设良好的自主学习情境,尊重学生的个体差异,鼓励学生选择适合自己的学习方式。教师是学习活动的引导者和组织者。教师应转变观念、更新知识,不断提高自身的综合素养,应创造性地理解和使用教材,积极开发课程资源,灵活运用多种教学策略,引导学生在实践中学会学习。学生主体性的发挥被提到了前所未有的高度,而讲授法一度受到质疑,甚至被视作等同于"满堂灌"。

(一)讲授法的利

1.快捷有效地传授知识。语文课程应培育学生热爱母语的思想感情,指导学生正确地理解和运用母语、丰富语言的积累、培养语感、发展思维,使他们具有适应实际需要的识字与写字能力、阅读能力、写作能力、口语交际能力。语文课程还应重视提升学生的品德修养,培养他们的审美情趣,使他们逐步形成良好的个性和健全的人格,促进他们德智体美劳的全面发展。如果要完成这样的任务,那么必须依靠教师的引导。

在授课前,教师依据课程标准和学情精心备课;在课堂上,教师通过合理、流畅、准确的语言传授给学生知识。教师所传授的知识凝聚着前人长时间的探讨、分析、归纳、总结和论证,而受知识积淀、阅历深浅、理解能力等条件的限制,学生还无法做到通过自读的方式达到课程的各项要求。

2.标准性。自中华人民共和国成立以来,语文教学一直维持着"一纲多本"的现状,到了2020年春季,全国统一使用部编版语文教材才真正结束长期多本并存的局面。教师备课以课程标准为依据,并统一进行有关新教材使用方法的培训,在一定程度上保证了课文内容和讲法上的统一性。教师受过专业教育,参加全国统一考试而获得教师资格证,承担传道授业的任务,其基本条件是合格的。在教学工作中,教师不断积累教学经验,把前人所总结的正确的、科学的智慧结晶传授给学生,准确性能够得到很好的保证。如果让知识储备少,实践经验、理性思维、逻辑能力不足的学生去自行探讨和归纳,不仅准确度不高,还有可能令其走入与结果背道而驰的误区。

3.引导性。青少年时期的学生正处于心智不成熟的阶段,其思想道德、人格素养、价值观念等还需要教师在课上、课下有意识地予以引导。教师要引导学生掌握正确的学习方法,引导学生体会文章的寓意,引导学生通过所学的课文思考和分析社会现象。

4.兼顾了群体教学的需要。我国现行的学校教育属于一种群体性大班教学,一个班学生以50人为标准。在课堂上,教师不可能兼顾每一个个体,只能基本兼顾大多数学生。

对于学生来说,阅读理解是一种比较复杂的精神活动。在这个过程中,从感知课文语言到理解课文,从理解课文到运用语言,由于受到认知、阅历、理解能力等条件的限制,学生必须依靠教师的讲解和引导。

(二)讲授法的弊

1.忽视学生主体地位。传统的语文教学在字词的认知、语段的理解、文章的分析、思想感情的体悟等方面,基本上由教师强制性地灌输给学生,学生只能被动接受。然而,每一个学生都是一个独立的个体,他们有着自己的思想意识、行为习惯、阅读习惯。从人才培养的角度来看,这种方法不利于有思想、有个性、有创新能力的人才的培养。

2.违背语言文字多种解读和感受的原则。语文教材是由一篇一篇的文章构成的,作者或叙述,或描写,或抒情,或说明,表达自己的思想感情。对于课文的解读,可谓"仁者见仁,智者见智",没有统一的标准。但我国的考查方式仍停留在应试上,并按照统一的标准打分,所以对于个性阅读,教师很难在课堂教学上有更多的突破。

3.学生依赖性很强。在传统的讲授法中,强调教师的主体地位,学生的课前预习、课上听讲、课后巩固练习等任务的实施与完成都需要教师进行分配与督促。课堂就是学生等着教师来上课、等着教师来讲授、等着教师来布置作业、等着教师来解答疑难。如果没有教师的讲解,学生便不会主动去研讨和探究;如果没有教师的督促,学生便不会主动去完成课业。这种依赖心理的养成十分不利于学生独立人格的形成。

4.体现不出教师能力的高低。不同的教师的能力还是存在较大差距的,这与时间的沉淀、个人素质有关,大多数学校绩效的考核主要还是以成绩来衡量。例如,使用"满堂灌"的教师所教授的班级成绩要比突出主体性、兼顾个性发展的教师所教授的班级成绩更好。这是一个矛盾,需要教师通过更多的实践去解决。

总之,我们的课堂需要具备丰富的专业知识储备、准确而流畅的语言表达、良好的人文素养和敬业精神的教师。在优秀教师的调教下,学生能够得到优质的教育。

三、小学语文常见的课堂讲授类型

(一)陈述式

陈述是指说话人客观全面地按一定的条理用语言清晰表达自己的观念、观点。在教学中,陈述是指教师用简洁的语言,向学生客观地叙述教学内容的一种讲授方式。在小学语文教学中,诸如讲述故事梗概、生活经验、背景知识、人物关系、学习方法等,可以运用这种方法。它可以有效地帮助学生丰富感性认识,引导学生了解学习内容和学习方法。因此,小学语文课堂的导入、课堂推进、课堂总结等教学环节都离不开教师的陈述。

部编版小学语文三年级下册第一单元选入了杜甫的《绝句》。杜甫是唐代伟大的现实主义诗人,可以用陈述式的语言结合图片进行如下介绍。

我们今天学习的第一首《绝句》是唐代诗人杜甫创作的作品。它写于成都草堂,描绘在初春灿烂的阳光的照耀下,浣花溪一带明净绚丽的春景。

杜甫是伟大的诗人,人们喜欢称他为"诗圣",因为他的诗歌有着强烈的社会责任感,对穷苦人民给予深切的同情。杜甫有许多优秀的作品都显示了唐代由盛转衰的历史过程,也有很多"以诗为画"的作品,这一首就是极富诗情画意的佳作。

(二)描述式

描述是指运用各种修辞手法对事物进行形象化的阐述。在课堂中,描述是指教师用比较生动、鲜明、形象的语言,具体地描摹人物、事件、景物及塑造情境的一种讲授方式。在小学语文教学中,塑造情境、刻画人物、描绘场景、揣摩细节、渲染气氛、表达情感时适合使用这种形式。它可以有效地激发学生的形象思维和审美感受,使学生具体、细微地感知学习内容。小学生的年龄特点决定了他们喜欢倾听有声有色、描绘性强的语言,这可以激发他们无限的想象。因此,教师亲切的描绘性语言可以给小学生带来很多向往,感动着他们纯洁的心灵。

《爬山虎的脚》(部编版四年级上册)是我国著名教育家叶圣陶写的一篇描写植物爬山虎的散文。教师在上课时可以结合图片给学生描述它的特点。

有一种藤类植物,它占地少、生长快、绿化覆盖面积大,这是什么植物呢？下面请大家一同观赏这一面面绿色的墙。大家有发现吗？对,它叫爬山虎,身体是软软的藤,用它可爱的小爪子往高处爬,爬到墙上、屋顶上,密集的绿叶覆盖了建筑物的外墙,就像穿上了绿装。春天,爬山虎长得郁郁葱葱;夏天,爬山虎开黄绿色的小花;秋天,爬山虎的叶子变成橙黄色。一面墙,不同的季节显示出不同的色彩。

(三)解释说明式

解释是指在观察的基础上进行思考,合理地说明事物变化的原因、事物之间的联系,或是事物发展的规律。语文课堂中的解释说明式是教师用简洁严谨的语言解释说明某个事物的概念、现象、事理,或解释词语的含义,或阐释难以理解的问题的一种方式。在小学语文教学中,解释说明式多用于解释字词句的含义、课题的意思、课文中有争议的地方、学生陌生的知识(如典故)等。这种方式可以帮助学生正确理解课文内容,密切联系旧知识,紧扣课文主题。同时,该方式在科学普及类的课文中使用较多。

《小蝌蚪找妈妈》(部编版二年级上册)是一篇科普童话,涉及的科学知识就是青蛙的生长过程。学生学习完这则童话故事后,教师可以结合图片或者视频解释青蛙的生长过程。

同学们,青蛙是一种特殊的动物,即两栖动物。它是从水生向陆生过渡的一个类群。青蛙的发育经历了一个复杂的变化过程,其形态结构发生了很多的变化:刚孵化出来的蝌蚪,有尾无四肢,用羽状外鳃进行呼吸,随后外鳃消失,长出内鳃,四肢的生长是先长后肢,再长前肢。当蝌蚪发育成幼蛙时,尾巴消失,长全四肢,内鳃消失,形成肺,并用肺呼吸。

(四)启发式

启发是指阐明事例,引起对方联想而有所领悟。在课堂中,启发一般指教师通过联系新旧知识,提示、启发学生观察、思考,使之主动学习的一种讲授方式。自东方的孔子、西方的苏格拉底开始,至今已有两千多年的历史。随着社会的进步,科学技术的传承、创新、发展,人们又赋予这种讲授方式以新的内涵。课程标准明确指出,语文课应该充分发挥师生双方在教学中的主动性和创造性,语文教学应在师生平等对话的过程中进行。教师对这种讲授方式运用得较为普遍,它常与设问相配合,对于教学中较为复杂或难以理解的内容,通过调动学生的积极性,帮助他们找到思考的路径和解决问题的方法,使他们快速地掌握知识,培养他们解决问题的能力。

低学段的学生知识储备有限,对于一些课文内容的接受光靠阅读是不够的。为了帮助他们理解课文、启发思维,可以多想一些方法,比如,利用图片、实物、实景等素材进行教学。

《小马过河》(部编版二年级下册)这篇童话故事讲的是一匹小马驹第一次承担驮运东西过河这项任务的经过。在小马驹正准备下水过河时,一只小松鼠大惊失色地警告它说,河水很深,会淹死它的。小马驹在踌躇之际遇到了一头老牛,它询问老牛得到的则是完全相反的答案,老牛说河水很浅。课文的难点就是为什么同样的河从不同动物的嘴里会得出相反的结论,这对学生的成长有着实际的指导意义。我们可以这样做:在黑板上画一条河,将事先准备好的老牛和小松鼠的图画模型依次放到"河水"中,让学生观察思考,为什么同样的河水,老牛和小松鼠进去之后会有不同的结果。

《乌鸦喝水》(部编版一年级上册)这篇课文也可以用同样的方法处理,教师可以让学生借助工具亲自操练一次,学生很自然地就能明白乌鸦开始为什么喝不到水,后来又是怎么喝到水的。

(五)概括式

概括意为归纳、总括,是指把事物的共同特点归结在一起,并加以概述,使文章更清晰、简明,让人在很短的时间内就可以知道文章的主要内容。在课堂中,概括是指教师对学生遇到的重点、难点,进行归纳、整理、总结的一种讲授方式。概括对促进思维有着很大的作用,它是一种有效的思维方法。小学语文课的一项目标是让学生学会概括,包括书面和口语表达,教师需要对学生进行指导训练,方法有扩写、缩写、合并归纳、按课文叙述的顺序提出相应的问题再归纳、依据文体特点概括等。

1.扩写。比如,将《草船借箭》的四字课题扩展成一句话,即"诸葛亮利用草船向曹操'借'来了十万支箭"。

2.缩写。抓住主干来缩、简写,如:将"大熊猫贪婪地吃着鲜嫩的竹叶"进行缩写,即"大熊猫吃竹叶"。

3.合并归纳。《落花生》(部编版五年级上册)一文,第一段讲的是种花生和收花生,第二段讲的是一家人围坐在一起品尝花生、谈论花生。显然第二段是重点段,一家人一起品尝花生、谈论花生,并借父亲的话以花生喻人。以此为核心,联系文中其他内容,概括出全文的主要内容:作者一家人在后花园过花生节,他们一边品尝花生,一边谈论花生的好处,父亲以花生做比喻,告诉我们要做务实、有用的人,不要做只讲体面而对别人没有好处的人。

4.按课文叙述的顺序提出相应的问题再归纳。《鲁滨逊漂流记》(部编版六年级下册)一文,设计以下问题让学生阅读:课文讲的是谁的什么事?鲁滨逊漂流的原因是什么?他漂流了多少年?他是怎样生存下来的?认真思考然后回答问题,并归纳出文章的主要内容,即鲁滨逊因乘船遭遇暴风雨失事,漂流到荒岛,一个人在荒无人烟的小岛上战胜了种种困难,生活了二十多年。

5.依据文体特点概括。例如,叙事散文和抒情散文的特点不同,叙事散文抓住人物、事件、环境三要素,抒情散文抓住情景关系。《观潮》(部编版四年级下册)是一篇以写景为主的散文,描写了被人们称为"天下奇观"的浙江省杭州市的钱塘江大潮雄伟壮观的景象。课文先写了潮来前江面风平浪静,人们焦急盼望的情景,再写潮来时那雄伟壮观、惊心动魄的景象,最后写潮退后的余波奔涌,表达了作者对大自然和生活的热爱。

小学语文讲授法还有很多,诸如讲述法、讲解法、讲评法、讲演法、复述法、讲读法、讲练法等。这些方法都需要教师付出努力、钻研教材、锻炼自己的口语表达能力。

第三节 课堂总结技能

总结是对过去一定时期的工作、学习或思想情况进行回顾、分析,并做出客观评价。"编筐编篓,重在收口",课堂总结是课堂教学中的重要一环,当教师完成课堂某一知识点的讲授,或者将学生的注意力引到一个特定的学习任务上时,需要对所讲授内容做一个简短的系统性、概括性、延伸性的归纳,从而促进认知结构的形成、新知识模块的建立、解题技能的优化和思想方法的提炼。

课堂总结,既可以理顺知识,培养学生的学习能力,又可以提高学生的思维能力,使教学环节更加完整、学生学习知识的思路更加清晰,从而使课堂教学有一个完美的结局。

一、课堂总结的作用

(一)巩固新知识

课堂的节奏应该张弛有度、有紧有松。当教学完成一个阶段进入下一个阶段时,教师有必要对前面所学的内容加以梳理,概括学习要点,提示学生关注并记忆。

(二)承前启后

在40分钟的课堂教学里,教学环节的设置有一个由浅入深、循序渐进的过程,环节与环节之间的内容需要衔接和过渡,承前启后。

(三)认识升华

在课堂推进过程中,教学的展开比较分散,有教师讲解、学生参与、课堂的各种活动,小学课程教授的多是直观、感性的知识,所以需要在一个阶段或整个课堂结束后,教师进行汇总,把重点知识进行归纳并联系生活进行升华,落实语文课程工具性与人文性统一的特点。

（四）培养能力

在语文综合能力素质中,概括能力是一种基本的、重要的能力。概括能力是指把事物的共同特点归纳在一起的能力,用简明扼要的语言文字把所读、所听的内容准确地表达出来,从现象中揭示本质。其主要的形式有概括段落大意、概括中心思想和写作特点等。经过信息的分析、综合、比较、抽象、概括等环节,最后得出结论,这对培养学生的思维能力有很大的帮助。

（五）及时反馈

学完一篇课文后,教师进行及时总结,在概括课文内容的同时,梳理学生学习过程中好的表现及存在的问题,对学生的学习情况进行评价。这对学生来说也是一个自我反思、自我提升的过程。

二、语文教学设计中常用的课堂总结类型

（一）课前总结

教师在授课前,需要总结自己课堂的特点、优势及短板,及时学习课标、查阅资料,梳理自己课堂中存在的问题,思考解决的方案,确定教学设计的目标。在调整中,教师应多听课学习,对有参考价值的资料广采博纳、取其精华,从而优化自己的课堂教学。

（二）课中总结

在课堂教学过程中,教师不仅要在一堂课结束时进行课堂小结,而且要根据课堂内容随时进行思想、方法的总结。课堂总结不仅发生在一节课的结束,也发生在每一个教学环节的结束。

1.小结。

小结是针对课堂的一个阶段或者一个课时做总结。教师依据课堂教学计划完成一个阶段的任务后,应及时小结,对前面的内容进行回顾、梳理,并衔接下一个阶段的新内容。小结是一节课或一次授课中必不可少的一部分。课堂教学既重视学生的知识巩固,也重视对学生进行反复训练,指导学生通过小结把书本"读薄",并提炼出其中的精华。

（1）启发性小结:教师可以创设悬念,引出下节课的内容,唤起学生的关

注,激发学生的学习兴趣。

(2)阶段性小结:例如,《猴子下山》(部编版三年级下册)一文,学生学完前三个自然段后,教师可做这样的小结:这节课我们学习了前三个自然段,知道了猴子到了玉米地、桃树下,接下来它又会经过哪些地方,得到什么呢?下一节课,我们共同学习本课后半部分的内容,自然就会明白了。

(3)归纳性小结:一是针对课堂推进中存在的问题进行小结,特别是知识上的问题,在学完新知识、解决一些问题之后,教师归纳并引导学生提出新问题,或对本堂课的知识进行引申,或为以后的学习做好铺垫、埋下伏笔;二是针对学生学习过程中存在的问题进行梳理,提醒学生注意。

(4)梳理性小结:通过对一篇文章的阅读、品析、欣赏、理解,把握文章的思路和要点,梳理文章每部分的大意,进而能用简洁明了的语言把这一意思表达出来。

(三)课后总结

课后总结也称教学反思,是指教师自觉地把自己的课堂教学实践,作为认识对象进行全面而深入的冷静思考和总结。针对教师自己在教学实践中的表现,或给予肯定、支持、强化,或给予否定、思考、修正。它是一种用来提高自身的业务水平,改进教学实践的学习方式,并通过不断对自己的教育实践进行深入反思,积极探索与解决教育实践中的一系列问题,从而进一步充实自己,提高教学水平。教学反思是一种有益的思维活动和再学习的方式,每一位优秀教师的成长都离不开教学反思。一般而言,这种反思我们可以通过评课、做教学案例、写教学手记等方式来进行。

1.反思成功。反思成功主要包括课改理念运用得好,突出"教师为主导、学生为主体"的地位;课堂上有一些精彩的师生对答、学生争论;教学思想方法和教学原则运用得较好;有临时应变的教学措施;对教材有创造性的处理;等等。反思成功能为以后的教学提供经验,为完善教学提供帮助。

2.反思失误。反思失误侧重审视教师课堂教学的失误之处,思考解决问题的办法、对策,诸如问题情境的创设有没有给学生思考的空间、学习活动的组织是否有利于学生的自主学习、小组合作学习有没有流于形式、是否关注学生的情感态度与价值观的发展等。教师对它们进行回顾、梳理,并做出深刻反思、探究和剖析,使之成为以后教学的借鉴,同时找到解决问题的新办法和教学的新思路。

3.反思学生表现。反思学生表现包括课堂上学生的独特见解、学生的精彩回答、学生的创新思维等,这些都源于学生对文本的独特理解,源于学生对世界的独特感受,是十分丰富的、可贵的课程资源,也是教师可以利用的宝贵教学资料。

4.反思学生的问题和建议。学生在学习中肯定会遇到很多困难,也必然会提出各种各样的问题,有些是个别的,有些是普遍的,有些是教师意想不到的,也有些是富有创新性的。可能有的问题一时还难以解答,教师应及时记录下来这些问题,并及时进行反思,以便在今后的教学中对症下药。

三、小学语文课堂常用的总结方式

课堂总结加强了知识间的联系,充分体现出学生所学知识的系统性,对学生所学知识起到承上启下的作用,为学生后续学习新知识做铺垫。总结能帮助学生进一步理顺知识、突出重点、突破难点,因而有利于学生对知识的理解、掌握、记忆、运用,有利于培养学生良好的行为习惯和思维品质,提高学生的注意力。

(一)趣味式

小学生处在以形象思维为主的年龄阶段,思维活跃,爱热闹,好奇心重。教师可以设计新颖有趣、耐人寻味的课堂总结形式,使学生保持学习兴趣,也可以通过与本节课学习内容有关的音乐、图画、故事来作为课堂收尾,帮助学生保持愉快的心情。

以识字课为例,"兴趣是最好的老师"。在教学中,教师要注重培养和激发学生的学习兴趣。部编版小学语文教材的识字课安排在一年级和二年级,这个年龄段的学生活泼好动,注意力不集中,因此教师在教学中要利用游戏或比赛的形式调动学生学习的兴趣,诸如猜字谜、"找朋友""大风刮来了"等识字游戏。课堂总结也是一样,教师可以设计一些游戏活动,诸如"找朋友""开火车""摘苹果""拔萝卜"等。例如,"找朋友"游戏,教师可以把一个合体字拆开,写在两张小卡片上,让学生组合成所学的字,巩固其所学的生字,寓教于乐。

(二)启发式

启发式一般用在讲读前。精心设计足以启发学生思考的问题,让学生在生疑、质疑、释疑的过程中接受知识,培养学生的思维能力,让学生充分发挥自身的主观意识,建立一个民主的课堂,让学生占据课堂的主体地位。其目的是让学生巩固所学知识,发展学生的探究能力。在课堂收尾时用启发式总结,是在学生掌握了课堂讲授内容的基础上,通过教师精心设计的启发性问题作为结课,将学生的知识积累和运用提高到一个新的水平,有效激发学生的潜能,培养学生主动学习的能力。

小学生对新知识的接受特别需要以现有经验作为支柱,所以教学中教师应当重视指导学生联系自己的经验,让他们的思维从已知顺利地通向未知。

例如,寓言《守株待兔》(部编版三年级下册)和《揠苗助长》(部编版二年级下册)的教学,为了让学生了解其寓意,总结时应该启发学生思考:这两则寓言都给大家带来了什么思考?在生活中,我们犯过类似的错误吗?请同学们思考。

又如,名人故事《朱德的扁担》(部编版二年级上册),总结时应该引导学生思考:这是一根普通的扁担,但仅仅是一根普通的扁担吗?在这根扁担上我们看到了什么?又想到了什么?

(三)概括式

概括式总结是教师课堂中采用率高、较为常见的一种方式,主要由教师来完成。一节课结束时,教师为了让学生较为系统地掌握本节课的内容,要用准确、简练的语言,对该节课的学习内容进行提纲挈领的说明,并对教学重难点和关键问题加以概括、归纳和总结,给学生以系统、完整的印象。这样做,在帮助学生加深理解、巩固新知识的同时,还能为学生以良好的精神状态投入下一阶段的学习提供动力。

例如,《将相和》(部编版五年级上册)是一则历史故事,讲述廉颇和蔺相如的故事,廉颇不服蔺相如,而蔺相如为了国家大局不计较个人恩怨,廉颇知错就改,负荆请罪,两个人为了国家抛却前嫌,共同辅佐赵王。课堂的结尾可以这样设计。

师:同学们,这则故事我们认识了两位历史人物,感触很多吧!蔺相如在"完璧归赵"与"渑池会面"上立了大功,官职比廉颇高,廉颇不服气,两人产生嫌隙,最后廉颇知错就改,"负荆请罪",终使两人和好如初。课文塑造了大智大勇、宽容大度的蔺相如和知错就改的廉颇的形象。当然,他们和好还有更深的原因,那就是他们都有一颗爱国之心,都以国家利益为重。

概括式总结的方法包括段意归并法、课题扩展法、要素串联法、关键语句链接法等。不同的文体类型,文章要素也不同。例如,叙事类课文,一般都具有时间、地点、人物、事件、起因、经过、结果等基本要素,因此,只要弄清楚这几个要素,并加以概括,文章的主要内容就能把握了。

例如,《海上日出》(部编版四年级下册)是巴金的一篇非常优秀的写景抒情散文。文章写"我"经常早起去看日出,按日出前、日出时、日出后的顺序重点描绘了天气晴好、白云飘浮、薄云蔽日三种不同自然条件下的海上日出奇观。文章紧扣"谁,在哪里,做什么,看见什么,按什么顺序来写,表达了什么感情"来组织文字。

概括以原文的语言材料为基础,但不能照搬、照抄原文语句,也不能对原文内容进行机械的摘录,学生要通过自己的归纳、加工、提炼、整理,把文章的主要内容准确而精练地表达出来。目前,很多学生的概括能力并不尽如人意,他们在概括时存在以下问题:抓不住关键信息,只摘引原文语句不加以归纳;概括不够深入,不能抓住主要问题;无法整体驾驭文章,只能概括部分材料;综合分析能力不强,不能进一步分析并找出文段相互之间的有机联系。因此,在语文教学中,教师重视对学生进行概括能力的培养是很有意义的。这样有利于学生深入阅读,有利于学生准确表达,也有利于学生思维的发展。

(四)悬念式

在课堂结尾时,教师提出一些富有启发性、趣味性的问题,不做解答,留给学生在课余时间去思考、印证,以造成悬念,激发学生探求知识的欲望。

这种悬念式的总结一般放在第一课时结束时,有"欲知后事如何,且听下回分解"之意,令学生课下情不自禁地去探求、去寻找答案,激起学生的学习兴趣,调动他们的学习积极性。

例如,《去年的树》(部编版三年级上册)的悬念总结:小鸟找它的好朋友,从冬天到春天,从山谷飞到村里,最后对着灯火唱着去年的歌,然后飞走了。同学们,它唱了什么歌,又飞向哪里了呢?

又如,《胡萝卜先生的长胡子》(部编版三年级上册)的悬念总结:胡萝卜先生的长胡子长啊长,越来越长,鸟太太正在找绳子晒小鸟的尿布,它看中胡萝卜先生的长胡子了吗?还有谁对胡萝卜先生的胡子感兴趣呢?

再如,《搭船的鸟》(部编版三年级上册)的悬念总结:美丽可爱的小鸟站在船头一口把小鱼吞下了肚子,它饱了吗?还继续捕鱼吗?

(五)谈话式

这是师生共同总结的方式,教师让学生谈谈本节课的收获,通过学生的回答来检查学生学习的情况。这种方法突出了学生的地位,尤其是在强调素质教育的今天,对培养学生的能力是大有裨益的。先由每个学生自己低声小结,教师指定某个学生起立作答,要求学生说明本堂课学到了什么、重点是什么、对自己来说难点是什么、与旧知识有何联系等。教师给予更正、解释,并提出要求。这种总结法把教师单人做总结变成了课堂上人人做总结,有助于学生概括能力和抽象能力的提高,有助于学生语言表达能力的提升。

例如,《纳米技术就在我们身边》(部编版四年级下册)是著名科学家刘忠范写的一篇科普文章,作者以大胆的想象、通俗易懂的语言,从改善我们的生活、医疗制药两个方面介绍了纳米技术在我们生产生活中的运用,向我们介绍了纳米技术的神奇及在应用上的美好前景。因为纳米技术已经在生活中广泛运用,所以总结时可以师生对话,共同梳理本节课的内容,让学生谈一谈学习这篇课文的意义。例如,教师可以提问:"同学们,纳米技术给人类生活带来了深刻的变化,学习这篇科普课文,我们了解了哪些知识?作者用什么方法给我们做了说明介绍?"

(六)梳理式

这种结尾方式是多数教师喜欢采用的方式之一。当每节课结束时,为了让学生较为系统地掌握本节课的内容,教师要引导学生用准确、简练的语言,对该节课的学习内容进行提纲挈领的说明,并对教学重难点和关键问题加以概括、归纳、总结,一般用时3~5分钟。教师可以借助板书,可以使用课件,也可以让学生在笔记本上列出主要内容。

例如,《司马光》(部编版三年级上册)是一篇文言文,讲述了一个孩子掉进一口装满水的大缸里,其他孩子都吓跑了,司马光用石头砸破大缸,救了那个孩子的故事。课堂结束后教师可以做主题式归纳:"这篇课文讲述了司马光砸缸救一位小朋友的故事,读了这个故事,我们懂得了遇到紧急的事情,不能慌张,要沉着、勇敢地想办法,这样才能处理好已经发生的事情。"教师通过提问、引导,让学生自己做出总结,把师生的"双主"作用充分地发挥了出来。

(七)拓展延伸式

这种总结方式是在让学生熟练掌握已学过内容的基础上,把所讲授的内容进行延伸和拓展,进一步启发学生把问题想深想透,从而拓宽学生的视野,培养其举一反三的能力。

例如,《匆匆》一文是朱自清先生早期的一篇散文,文章紧扣"匆匆"二字,将空灵而又抽象的时间化为具体的物象,细腻地刻画了时间流逝的踪迹,表达了作者对时光流逝的无奈和惋惜之情。在课堂结束时,教师选择拓展延伸式结尾:"同学们,学了这篇课文,你们一定对时间、对生活有了很深的感受。你们能不能把自己的感受编成一句话,把它作为座右铭送给自己或者你的同学呢?"教师通过让学生写座右铭的形式把课文内容延伸到课外,使学生很好地理解了这篇课文的写作意图。

(八)习题训练式

这种总结方式是采用一定数量的填空题、选择题、材料题、问答题,以引导学生对当堂所学知识进行巩固性训练。课堂总结的方法多样,教师可根据不同的教学内容和课型,采用不同的总结方法。

例如,《观潮》一文是南宋文人周密的经典作品,节选自《武林旧事》第三卷。本文通过描写作者耳闻目睹钱塘江大潮潮来前、潮来时、潮头过后的景象,以及观潮的盛况,将自然美、人情美巧妙地交织在一起。课文以写景为主,文中运用了很多优美、恰当的词语,所以结尾的总结我们可以选择习题训练式:"同学们,这篇写景散文使用了很多优美的词语来形容钱塘江大潮,让我们完成下面的填空来结束今天的课。"

第三章 小学语文课堂教学设计

第一节 课堂角色扮演活动设计

角色源于戏剧,主要是指演员扮演的剧中人物。在文学作品中,我们把这些角色称为人物形象。随着我国教育事业的快速发展,各种创新的教学方法被引入小学语文课堂中,大大提高了小学语文的教学质量。课堂角色扮演活动趣味性较强,课堂互动效果较好,教师可以帮助学生在课堂角色扮演活动中理解课文和角色,有利于小学生语文学习积极性的提高,促进课堂结构的优化和学生的整体进步,与课程标准提倡的合作、探究的学习理念相契合。

一、部编版小学语文教材里的文学作品

文学是用语言塑造形象,客观地反映社会现实生活,表达作家思想感情的艺术。文学作品主要包括诗歌、小说、戏剧、散文等。

(一)文学作品的分类

根据文学作品建构审美意象的不同方式,文学作品可分为三大类,即叙事类、抒情类、戏剧类。部编版小学语文教材中叙事类作品占一半以上。

1.叙事类文学。叙事类文学是以描写生活事件、刻画人物性格为主来塑造艺术形象的文学种类。部编版小学语文教材主要包括小说、叙事散文、故事、童话、寓言等文学体裁。这些文学体裁对应的课文内容都可以成为学生角色扮演的资源。教师引导学生在课堂中用角色扮演的方式去理解课文,

可以帮助学生更加细致地体会作品中的人物特点、理解教学内容的意义,提高教学的效果。

2.抒情类文学。抒情类文学是以抒发作者感受和情绪为主要方式来塑造艺术形象的文学种类。部编版小学语文教材主要包括抒情诗和抒情散文。

3.戏剧类文学。戏剧类文学是通过角色对话和动作反映社会生活、塑造艺术形象的文学种类。部编版小学语文教材没有收入这种文学体裁。

(二)课程标准关于叙事类作品的教学建议

1.第一学段(1~2年级)。阅读浅显的童话、寓言、故事,向往美好的情境,关心自然和生命,对感兴趣的人物和事件有着自己的感受和想法,并乐于与人交流。

2.第二学段(3~4年级)。能复述叙事类作品的大意,初步感受作品中生动的形象和优美的语言,关心作品中人物的命运和喜怒哀乐,与他人交流自己的阅读感受。

3.第三学段(5~6年级)。阅读叙事类作品,了解事件梗概,简单描述自己印象最深的场景、人物、细节,说出自己崇敬、憎恶、向往、同情等感受。阅读诗歌,大体把握诗意,想象诗歌描述的情境,体会诗人的情感,受到优秀作品的感染和激励,向往和追求美好的理想。具体归类如下(表3-1)。

表3-1 5~6年级教材中叙事类作品的内容和角色

叙事类作品	内容	角色
童话	美好的情境,自然,生命	人物(动物、植物)
寓言		人物(动物、植物)
故事		历史人物、名人、虚构人物
小说	事件梗概,场景,人物,细节,崇敬、憎恶、向往、同情等感受	虚构人物
叙事散文		真实人物

二、人物形象的刻画方法及活动策略

叙事类作品中的人物形象刻画是重心,描写的基本方法可分为肖像描写、语言描写、行动描写、心理描写。教师做教学设计时需要认真研读课文,选择合适的片段开展活动,既可以带领全班一起活动,又可以让学生合作开展活动。

(一)肖像描写

肖像描写是指将人的容貌(脸型、五官)、身体形态、服饰、神情、姿势、风度等方面用生动具体的语言描述出来,通过人物的某些外部特征来突出这个人物的性格。

部编版小学语文教材中的课文相对来说篇幅比较短小,为了表现人物的性格,一般突出人物某个方面的特点展开描写。活动的开展主要针对某一项,诸如容貌、身体形态、服饰等,让学生关注作者用什么词语和句子来刻画,有什么好处,然后让学生用简笔画勾画出来,之后分享自己的画作。例如,《木笛》(部编版五年级上册)这篇课文有一个段落对主人公朱丹展开肖像描写:"话音未落,在一排蜡梅盆景旁有一个人站了起来,他看上去修长、纤弱,一身黑色云锦衣衫仿佛把他也紧束成了一株梅树,衣衫上的梅花,仿佛开在树枝上。朱丹轻轻走进屋,小心地从绒套中取出木笛。"文章对主人公的体态、服饰及服饰上的装饰做了描写。活动的设计可从这些描写入手。

对于课文中人物神情、姿势等细节描写,学生可以根据描绘的词语进行模仿。例如,《慈母情深》(部编版五年级上册)一段母亲神态的描写:"背直起来了,我的母亲。转过身来了,我的母亲。褐色的口罩上方,一对眼神疲惫的眼睛吃惊地望着我,我的母亲的眼睛……"作者对工作中的母亲做了细节描写,抓住了母亲"眼神疲惫的眼睛"这一特点。教师既可以让学生展开想象画一画,还可以让学生在课上演一演。

(二)语言描写

言为心声,人物的话语能灵活而直接地展示人物性格,充分、细致地将人物的内心世界袒露出来。因此,人物的语言描写是刻画人物形象的重要手段之一。由于时代、职业、身份、年龄等因素造成的差异,人们说话的内容、方式各有不同,语言描写需要抓住能表现人物个性的语言,使读者如闻其声,如见其人。在叙事类文学作品中,人物的语言描写有对白、独白、内心默语三种类型。教师在指导学生开展课堂角色扮演活动时要遵从课文的角色语言特点,结合课文情境,把握语言表现的形式,依据课文情境和内容开展课堂角色扮演活动。例如,寓言《陶罐和铁罐》中的两个角色陶罐和铁罐就是通过人物对话突出各自的性格特点的。

(三)动作描写

动作是人物性格的具体表现,能显示人物的性格特征。对人物进行动作描写是展示人物性格、塑造人物形象的主要方式。作者需要提炼有意义、能显示人物性格,或者能推动情节发展的那些动作,使用正确、恰当的词语来展现人物的价值观念、情感特性、性格气质、精神状态等。

《景阳冈》(部编版五年级下册)里武松打虎的精彩片段,运用了动作描写的手法,通过武松打虎的惊心动魄的场面,表现出武松朴素丰满、逼真可信的人物形象,对突出文章的中心起了很好的作用,使文章增色不少。文章第九自然段写人虎相遇时,作者在文中并没有赋予武松以任何英雄行为,却如下写道。

……闪在青石旁边。那只大虫又饥又渴,把两只前爪在地下按了一按,望上一扑,从半空里蹿下来。武松吃那一惊,酒都变做冷汗出了。说时迟,那时快,武松见大虫扑来,一闪,闪在大虫背后。大虫背后看人最难,就把前爪搭在地下,把腰胯一掀。武松一闪,又闪在一边。大虫见掀他不着,吼一声,就像半天里起了个霹雳,震得那山冈也动了。接着把铁棒似的虎尾倒竖起来一剪。武松一闪,又闪在一边。

文中描写老虎的"一扑""一掀""一剪"等动作,突出老虎的凶猛残暴及让人生畏的气势,武松唯一的对策就是"闪":"闪在青石旁边""闪在大虫背后""闪在一边""一闪""又一闪"……一个接一个的"闪"字,乍看起来,好像是轻描淡写,又像是重复雷同,其实显示了作者在捕捉人物动作、表现人物形象方面的独到之处。这个字既抓住了武松在遭到突然袭击、毫无防备的情况下的本能反应,又体现了武松在紧急情况下机警、敏捷的防御手段,表现出武松不仅英勇过人,还聪明机智。

在课堂上,如何把这段精彩的描写跟学生一起分享呢?方法多种多样,教师可以把动词找出来,让学生用动作来进行体验;也可以让学生先看文字再看图片,配合动作,复述故事。

(四)心理描写

心理描写是对人物在一定的环境下产生的想法、感触、联想等内心的思想情感活动的描写,旨在深刻地揭示人物的精神世界和思想品质。在展开人物心理刻画时,要注意捕捉人物内心的变化,尤其是那些一闪即逝的心灵波动。在描述人物心理变化轨迹时,要做到波澜起伏、跌宕多姿。

不少童话中有心理活动刻画。例如,《在牛肚子里旅行》里有一小段心理活动刻画,"红头不说话,只露两只眼睛偷偷地看。它心想:我要是一答应,就会被青头发现"。这里神态描写配合心理活动刻画,把人物内心的所思、所想描绘得惟妙惟肖。例如,《一块奶酪》(部编版三年级上册)是一篇情节生动、富有悬念的童话故事。讲述了蚂蚁队长召集小蚂蚁们搬运奶酪时,不小心拽掉了奶酪一角。最终,蚂蚁队长战胜了自己想偷嘴的心理,命令最小的蚂蚁吃掉了奶酪。

蚂蚁队长叼着奶酪的一角往前拽着,也许是用力过猛,一下就把那个角拽掉了。盯着那一点儿掉在地上的奶酪渣,蚂蚁队长想:丢掉,实在太可惜;趁机吃掉它,又要犯不许偷嘴的禁令。怎么办呢?他的心七上八下,只好下令:"休息一会儿!"这里的心理描写真是太逼真了!教师可以引导学生多读几遍,让学生体会蚂蚁队长的内心感受、揣摩角色的特点,再组织学生进行角色扮演。这样学生对课文的理解会深刻很多,能更好地掌握人物心理活动的描写手法。

三、课堂角色扮演活动注意事项

(一)引导学生开展课堂角色扮演活动

部编版小学语文教材中适合开展课堂角色扮演活动的,童话和寓言故事中大多为动物和植物,叙事散文中多为人物角色。每个角色都有自己的个性特点,通过文中的语言、动作等方面体现出来。例如,童话《狐假虎威》一文,狐狸如何假借老虎的威风,需要引导学生钻研语言、动作、神态描写的句子,让学生体会狐狸和老虎的心理活动,并让学生在兴致盎然的角色扮演中认识狐狸的狡猾和老虎的愚昧。此外,课堂角色扮演活动是一种再创造活动,不必处处与课本保持一致,应该合理地加进自己的一些理解。

(二)鼓励学生积极参加活动,并掌握活动的规律,加深对课文的理解

课堂角色扮演活动能够调动学生参与课堂活动的积极性,深受学生的喜爱。它符合以学生为主体的教育理念,能积极有效地调动学生的积极性。

(三)教师参与其中,扮演其中一个角色,跟学生一起互动

课堂角色扮演活动一般以合作学习的形式开展,能给予学生更多自主学习、合作学习的时间和机会。学生可以通过相互交流、讨论、展示的形式,提升自身研读课文的能力。教师假如能参与其中,就能更好地融入课堂教学,也能起到示范作用。

(四)适当使用道具和背景

课堂角色扮演活动离不开课文的内容和语境。考虑到角色扮演的需要,教师可以在课前做一些道具,增加现场感,方便学生在课文内容的基础上适当发挥,对课文内容进行再创造。

四、小学语文课堂角色扮演活动设计与案例展示

(一)案例展示一

1.课文呈现。《小蝌蚪找妈妈》(部编版二年级上册)。

池塘里有一群小蝌蚪,大大的脑袋,黑灰色的身子,甩着长长的尾巴,快活地游来游去。

小蝌蚪游哇游,过了几天,长出了两条后腿。他们看见鲤鱼妈妈在教小鲤鱼捕食,就迎上去,问:"鲤鱼阿姨,我们的妈妈在哪里?"鲤鱼妈妈说:"你们的妈妈有四条腿,宽嘴巴。你们到那边去找吧!"

小蝌蚪游哇游,过了几天,长出了两条前腿。他们看见一只乌龟摆动着四条腿在水里游,连忙追上去,叫着:"妈妈,妈妈!"乌龟笑着说:"我不是你们的妈妈。你们的妈妈头顶上有两只大眼睛,披着绿衣裳。你们到那边去找吧!"

小蝌蚪游哇游,过了几天,尾巴变短了。他们游到荷花旁边,看见荷叶上蹲着一只大青蛙,披着碧绿的衣裳,露着雪白的肚皮,鼓着一对大眼睛。

小蝌蚪游过去,叫着:"妈妈,妈妈!"青蛙妈妈低头一看,笑着说:"好孩子,你们已经长成青蛙了,快跳上来吧!"他们后腿一蹬,向前一跳,蹦到了荷叶上。

不知什么时候,小青蛙的尾巴已经不见了。他们跟着妈妈,天天去捉害虫。

2.课文解读。池塘里的小蝌蚪慢慢长大了,它们要寻找自己的妈妈,却不知道自己的妈妈长什么样。经历了一个又一个波折,它们将鲤鱼、乌龟误认为自己妈妈,最后在鲤鱼、乌龟的提示下,小蝌蚪终于找到了自己的妈妈,它们也从蝌蚪变成了青蛙。

3.设计要点。这篇童话按照时间顺序写了小蝌蚪变成青蛙的四个阶段,这四个阶段的内容都适合设计成课堂角色扮演活动。文中有两处肖像刻画也可以作为活动的内容。教师可以采取全班活动或者分组活动的方式进行。

4.设计方案。

活动一:读一读,画一画。课文有小蝌蚪、鲤鱼妈妈、乌龟妈妈、青蛙妈妈四个角色,重点描写了小蝌蚪和青蛙妈妈的外形特点。先朗读课文,找一找作者用了什么词语展开刻画,然后画一画,再互相分享画作。例如,青蛙妈妈的描写:"看见荷叶上蹲着一只大青蛙,披着碧绿的衣裳,露着雪白的肚皮,鼓着一对大眼睛。"作者抓住颜色"碧绿""雪白",抓住脑袋、眼睛"大"来刻画青蛙的外形,运用四个动词"蹲、披、露、鼓"逼真地表现了青蛙的神态。

活动二:抓动词,演一演。文中"他们后腿一蹬,向前一跳,蹦到了荷叶上"。其中,"蹬""跳""蹦"三个字极富动态,准确地捕捉了青蛙的动作。先谈谈这些动词运用的妙处,再进行角色扮演,然后通过字词理解课文内容。

活动三:抓人物语言,展开角色对话。具体步骤:①教师引导学生多次阅读课文,关注角色对话时的语气和神态;②招募角色扮演者(鲤鱼妈妈、乌龟妈妈、青蛙妈妈),分配角色,让他们分别熟悉自己扮演角色的语言、动作、神态等,做好准备。角色扮演者只需做动作配合其语言表达,其他学生朗读除了角色语言之外的句子;③教师适当提出关于角色语言的个性化要求,营造氛围;④活动开始,四个角色扮演者依次上台(或者分组合作)表演;⑤学生互评,教师点评。

(二)案例展示二

1.课文呈现。小说节选《少年闰土》(部编版六年级上册)。

深蓝的天空中挂着一轮金黄的圆月,下面是海边的沙地,都种着一望无际的碧绿的西瓜。其间有一个十一二岁的少年,项带银圈,手捏一柄钢叉,向一匹猹尽力地刺去。那猹却将身一扭,反从他的胯下逃走了。

这少年便是闰土。我认识他时,也不过十多岁,离现在将有三十年了;那时我的父亲还在世,家景也好,我正是一个少爷。那一年,我家是一件大祭祀的值年。这祭祀,说是三十多年才能轮到一回,所以很郑重;正月里供祖像,供品很多,祭器很讲究,拜的人也很多,祭器也很要防偷去。我家只有一个忙月(我们这里给人做工的分三种:整年给一定人家做工的叫长年;按日给人做工的叫短工;自己也种地,只在过年过节以及收租时候来给一定的人家做工的称忙月),忙不过来,他便对父亲说,可以叫他的儿子闰土来管祭器的。

我的父亲允许了;我也很高兴,因为我早听到闰土这名字,而且知道他和我仿佛年纪,闰月生的,五行缺土,所以他的父亲叫他闰土。他是能装弶捉小鸟雀的。

我于是日日盼望新年,新年到,闰土也就到了。好容易到了年末,有一日,母亲告诉我,闰土来了,我便飞跑地去看。他正在厨房里,紫色的圆脸,头戴一顶小毡帽,颈上套一个明晃晃的银项圈,这可见他的父亲十分爱他,怕他死去,所以在神佛面前许下愿心,用圈子将他套住了。他见人很怕羞,只是不怕我,没有旁人的时候,便和我说话,于是不到半日,我们便熟识了。

我们那时候不知道谈些什么,只记得闰土很高兴,说是上城之后,见了许多没有见过的东西。

第二日,我便要他捕鸟。他说:"这不能。须大雪下了才好。我们沙地上,下了雪,我扫出一块空地来,用短棒支起一个大竹匾,撒下秕谷,看鸟雀来吃时,我远远地将缚在棒上的绳子只一拉,那鸟雀就罩在竹匾下了。什么都有:稻鸡、角鸡、鹁鸪、蓝背……"

我于是又很盼望下雪。

闰土又对我说:"现在太冷,你夏天到我们这里来。我们日里到海边捡贝壳去,红的绿的都有,鬼见怕也有,观音手也有。晚上我和爹管西瓜去,你也去。"

"管贼么?"

"不是。走路的人口渴了摘一个瓜吃,我们这里是不算偷的。要管的是獾猪,刺猬,猹。月亮地下,你听,啦啦的响了,猹在咬瓜了。你便捏了胡叉,轻轻地走去……"

我那时并不知道这所谓猹的是怎么一件东西——便是现在也没有知道——只是无端的觉得状如小狗而很凶猛。

"他不咬人么?"

"有胡叉呢。走到了,看见猹了,你便刺。这畜生很伶俐,倒向你奔来,反从胯下窜了。他的皮毛是油一般的滑……"

我素不知道天下有这许多新鲜事:海边有如许五色的贝壳;西瓜有这样危险的经历,我先前单知道他在水果店里出卖罢了。

"我们沙地里,潮汛要来的时候,就有许多跳鱼儿只是跳,都有青蛙似的两个脚……"

阿!闰土的心里有无穷无尽的希奇的事,都是我往常的朋友所不知道的。他们不知道一些事,闰土在海边时,他们都和我一样只看见院子里高墙上的四角的天空。

可惜正月过了,闰土须回家里去,我急得大哭,他也躲到厨房里,哭着不肯出门,但终于被他父亲带走了。他后来还托他的父亲带给我一包贝壳和几支很好看的鸟毛,我也曾送他一两次东西,但从此没有再见面。

2.课文解读。课文通过"我"对少年闰土的回忆,刻画了一个机智勇敢、聪明能干、知识丰富的农村少年形象,表达了"我"对闰土的怀念之情。课文先写"我"记忆中的闰土,接着写"我"与闰土相识、相处的过程,重点写了闰土给"我"讲捕鸟、拾贝壳、看瓜刺猹、看跳鱼四件事,最后写了两人的分别和友谊。

3.设计要点。课文有两处人物肖像描写,并且重点描写了"我"与"闰土"的对话,可以开展角色对话活动。

4.设计方案。

活动一:读一读,画一画。课文开头一段的环境描写"看瓜刺猹"突出了少年闰土勇敢的形象,可以开展绘画、动作扮演活动。文中还有一处人物肖像描写,"他正在厨房里,紫色的圆脸,头戴一顶小毡帽,颈上套一个明晃晃的银项圈",可以用简笔画勾勒出大致的形象。

活动二:抓准人物的语言,注意文中的几次对话。具体步骤:①教师引导学生多次阅读课文,概括出对话的主要内容,重点关注角色对话时的语气和神态;②招募角色扮演者("我"和闰土),分配角色,让他们分别熟悉自己所扮演角色的语言、动作、神态等,做好表演前的准备工作。角色扮演者需要做动作配合人物的语言表达,其他学生读背景文字;③教师适当提出关于角色语言的个性化要求,营造氛围;④活动开始,四个角色扮演者依次上台(或者分组合作)表演;⑤学生互评,教师点评。

第二节 课本剧活动设计

在语文课本中采用课堂剧的教学手段,把语言文学和综合艺术有机融合,激发学生学习的主动性,发挥学生的想象力和创造性,让学生在表演中提升审美鉴赏能力,提升表达沟通能力,提升语文素养。

一、课本剧与戏剧

课本剧是指把课文中叙事性的文章改编为剧本,以戏剧的形式进行表演的一种教学活动。[1]在语文教学中,要大力倡导课本剧进课堂,提倡以课本剧为载体,提高语文教学的质量。课本剧作为语文教学改革在课堂中的表现形式之一,通过音乐、舞蹈、美术、表演等多门学科的有机配合来表现课文内容,体现课文主题,刻画人物形象。

近年来,语文教学中越来越多地运用到了课本剧的形式,改变了语文课堂的传统风格,让学生通过编排、表演课本剧完成语文教学的任务,或是让

[1] 卜文静.浅析朗读在课本剧中的应用策略[J].师道:教研,2020(1):1.

学生依据课文编写剧本在文艺汇演中演出。教师要想引导学生把课文中叙事性的文章改编为课本剧,必须要了解剧本的特点,根据其特点编排出符合要求的课本剧。

(一)戏剧的特点和课本剧的演出设计

戏剧是一种综合艺术,是文学、音乐、舞蹈、美术等各种艺术的综合体。它通过演员装扮角色,在舞台上表演故事情节,塑造生动的舞台艺术形象来反映社会生活,表达作者的思想感情,直接感染观众,发挥社会作用。具体特点如下。

1.舞台性。舞台是戏剧的演出场所。古今中外的戏剧演出,一般都有供演员表演的舞台,既可以是露天剧场,又可以是室内剧场。舞台为戏剧表演提供场所,但舞台的空间是有限的,因此,戏剧中的生活场景与演员的表演都必须与舞台的空间和设备条件相适应。教师需要了解课本剧的舞台演出是在课堂上完成还是在课外完成。假如课本剧的舞台是教室,那么情节相对简单、人物较少的剧本可以让学生在讲台上表演,而情节相对复杂、人物众多的剧本可以把教室桌椅挪到墙边,空出更多空间。假如条件允许,教师可以在校园内开辟一块场地带领学生开展表演活动。

2.直观性。戏剧演出通过生动具体的舞台形象,直接感染观众而发生社会作用。它先是以演员的姿态、动作、对话、独白等表演,直接作用于观众的视觉和听觉;然后用化妆、服饰等手段进行人物塑造,使观众能直接观赏到剧中人物形象的外貌特征。同时,戏剧演出还常用布景、道具、灯光、音响等手段,在舞台上创造出具体的景物,直接展现出人物活动的具体环境,营造氛围。课本剧的舞台布置相对简单,根据剧情设计一些道具、头饰、服饰即可,主要依靠学生个性化的口语表达和肢体语言的配合运用。

3.综合性。戏剧是一种综合性的艺术,其特点是与舞台上塑造具体艺术形象、向观众直接展现社会生活情景的需要相适应的。人物的化妆、服饰,以及舞台的布景,需要绘画、雕塑和其他工艺美术;人物的对话、独白、歌唱,按照语言音乐美的要求,应具有节奏感,某些表情、气氛也需要音乐来烘托;演员的姿态、动作,按照形体美的要求,应具有一定的表演性。特别是歌舞剧,需要以音乐、舞蹈为主,并与其他艺术相配合。我国的传统戏曲具有更大的综合性,它包含着文学、音乐、舞蹈、美术、武术、杂技等多种因素。

进入21世纪后,学校的现代化教学设施不断更新,教室里的多媒体设施基本可以为课本剧营造表演的氛围,音乐、画面、背景等元素都可以在网络上搜集。学生也可以运用生活中的废品,诸如废纸、纸箱等,自己制作课本剧的背景。

(二)戏剧文学的特点和课本剧的改编

戏剧文学是供戏剧演出用的剧本。它是戏剧艺术的首要因素,也是舞台演出的依据。整个戏剧演出以剧本为基础,剧本必须适应戏剧演出的特点和需要。小学语文课本内容比较浅显,在改编过程中以保留课文原汁原味为主,突出主题,内容可以适当增添。

1.高度集中地反映生活。戏剧受舞台时间、空间的限制,一出戏的演出时间一般为2小时左右,戏剧表演的空间有大有小。这种时空性决定了剧作家在创作剧本时,必须高度浓缩地反映生活,突出刻画主要人物,揭示现实生活的矛盾和冲突。因此,剧作家在考虑篇幅、人物、故事、场景时应尽可能做到集中、凝练,篇幅不宜过长,人物不宜过多,故事应单纯、生动,场景不宜变换频繁。

课本剧大多是改写,应选择适合话剧表演的课本,诸如叙事类课文中的童话、寓言、故事、叙事散文、小说,以刻画人物为主,着重语言刻画、动作刻画。考虑到演出时间和空间的要求,改编的剧本故事要情节相对简单,人物较少,场景方便设置。例如,《两小儿辩日》(部编版六年级下册)一文,通过两小儿争辩太阳在早晨和中午距离人们远近的问题,孔子不能判断谁是谁非的事情,体现了两小儿善于观察、说话有理有据和孔子实事求是的态度。这篇课文中人物角色有三个,场景有一个,非常适合做课本剧。

2.强烈而富于表现力的戏剧冲突。"没有冲突就没有戏剧。"戏剧冲突是形成戏剧性的一个重要因素。戏剧文学必须把人物放在激烈的内心冲突和尖锐的社会冲突中进行表现,而戏剧冲突主要表现为人物的性格冲突。性格冲突既包括人物与人物之间的性格冲突,又包括人物各自的内心冲突。

曹禺的《雷雨》(部编版二年级下册)既注意了人物之间的性格冲突(外部冲突),诸如周朴园与鲁侍萍、繁漪、鲁大海之间的矛盾冲突,又写出了人物内心的矛盾冲突(内部冲突),并将这二者有机结合起来,人物个性十分鲜明。

3.台词有动作性、个性化。剧本语言包括台词和舞台说明两个方面。剧本语言主要是台词。台词就是剧中人物所说的话,包括对话、独白、旁白。独白是剧中人物独自抒发个人情感和愿望时说的话,旁白是剧中某个角色背着台上其他剧中人物从旁侧对观众说的话。剧本主要是通过台词推动情节发展,表现人物性格的。台词是体现人物内心活动的主要手段。戏剧语言要有动作性,反映人物的意图,并影响其他人物做出相应的反馈;还要反映出人物的个性,充分表现人物的性格、身份和思想感情,要通俗自然、简练明确,既要口语化,又要适合舞台表演。

一出戏的关键是台词,所以在编写剧本时需要注意人物的对话、独白、旁白的个性化,要考虑人物的语言在年龄、性别、性格、审美情趣上的差异,最终学会理解文学作品中的语言对人物形象刻画的重要性。例如,寓言故事《陶罐和铁罐》说的是国王的宫里有陶罐和铁罐两个罐子,自视甚高的铁罐总是看不起陶罐,经常奚落陶罐,陶罐却总是谦卑地礼让。时光飞逝,王朝不复存在,宫殿也成了废墟,一天人们发现了成为古董的陶罐,而那个铁罐却找不到了,它已经氧化成锈蚀不堪的铁片了。这则寓言故事告诉人们,每个人都有长处和短处,要善于发现别人的长处,正视自己的短处,相互尊重,和睦相处。课文重在语言和神态描写,既可以将全篇课文设计成课本剧,又可以挑选个别片段来表演。在台词编写上,无须做太多更改,陶罐和铁罐的对话形成了鲜明的对比,一个谦虚,一个骄傲。台词简短明了,且富有个性。

二、小学语文课本剧的编写格式

以剧本《半截蜡烛》为例。

剧本标题:《半截蜡烛》。

剧本开头列出剧本名、时间、地点、人物。

时间:第二次世界大战期间

地点:法国,伯诺德夫人家中

人物:伯诺德夫人(法国的一位家庭妇女)、杰克(伯诺德夫人的儿子)、杰奎琳(伯诺德夫人的女儿)、三个德国军官(一个少校、两个中尉)

剧本情节构成:按时间先后顺序推进故事情节,主要由台词和舞台说明构成,括号里是舞台说明、动作、神态提示语言。

(一)故事开端

地下交通员把情报藏在蜡烛中,并交代儿女守住这个秘密。

(一个初冬的夜晚,屋外的风猛烈地吹着。伯诺德夫人家里,昏暗的光线,一张孤零零的长桌,坐在桌边的伯诺德夫人正小心翼翼地将一个金属管封在一小截蜡烛中)

伯诺德夫人:看来,只有这个地方是安全的,不至于被该死的德国佬发现。

杰奎琳:(一边天真地问)妈妈,这是什么啊?

伯诺德夫人:(面容严肃)非常重要的一个秘密,亲爱的,对谁也不能讲。

杰克:我知道,在下星期二米德叔叔来之前,我们得保证那东西完好无损。对吧?(有点儿得意地看了妹妹一眼)

杰奎琳:(嘟起了嘴)我当然也知道。米德叔叔最喜欢我了,今天他还给我带来了糖果。可是妈妈,米德叔叔为什么穿着德国佬的衣服呢?

(伯诺德夫人这时已经把那半截蜡烛插在一个烛台上,摆在餐桌最显眼的地方)

伯诺德夫人:杰克、杰奎琳,有些事情以后给你们慢慢解释。现在你们两个要好好地记着:这支蜡烛是一个非常重要的东西。从现在开始,我们得为它的安全负责。为了有一天能把德国佬赶出去,我们得不惜代价守住它,懂吗?

杰克:(像个男子汉似的挺挺胸脯)放心吧,妈妈。

杰奎琳:(点点头)妈妈,我懂。我真讨厌德国佬。

伯诺德夫人:(凝视着烛台喃喃自语)不惜一切代价,包括我们的生命。

(二)故事情节的发展

(过了不久,嘭嘭嘭嘭,一阵粗暴的敲门声,三个德国军官例行检查来

了,很奇怪,检查完了,他们都没有要走的意思,也许是因为外面风太大了)

中尉甲:好黑的屋子,为什么不点蜡烛呢?(点燃了那个藏有秘密的蜡烛)

(一瞬间,伯诺德一家人的心揪紧了)

伯诺德夫人:(急忙取出一盏油灯)太对不起了,先生们,忘了点灯。瞧,这灯亮些。可以把这个昏暗的小蜡烛熄了(吹熄了蜡烛)。

中尉甲:(不耐烦地)晚上这么黑,多点支蜡烛也好嘛。(又把那个快要烧到金属管的蜡烛点燃)更亮了一些,不是吗?

杰克:(若无其事地走到桌前,端起蜡台)天真冷。先生们,我去柴房抱些柴来生个火吧!

中尉乙:(厉声)难道你不用蜡烛就不行吗?(一把夺回烛台)

(杰克无奈地去柴房)

伯诺德夫人:(不动声色地慢慢说道)先生,要知道,柴房里很黑……

中尉乙:(瞥了她一眼,不满地)夫人,在自己家里,应该相信您的儿子有足够的能力应付那了如指掌的小柴房。难道他会从柴房里搬来一窝兔子吗?

(三)故事的结局

(蜡烛越燃越短,杰奎琳打了个懒懒的哈欠,走到少校面前)

杰奎琳:司令官先生,天晚了,楼上黑,我可以拿一盏灯上楼睡觉吗?(她宝石般的眼睛在烛光下显得异常可爱)

少校:(看着她那粉嘟嘟的小脸蛋,笑了)当然可以,美丽的小天使。我也有一个像你这么大的女儿,和你一样可爱,她叫玛琳娜。

杰奎琳:(笑容像百合花一样纯洁)我觉得她一定非常想您,司令官先生。和您聊天真有趣,可是我实在太困了。

少校:那么,晚安,小姑娘。

杰奎琳:晚安,各位先生。晚安,妈妈。

伯诺德夫人:(温柔地)晚安,亲爱的。

(杰奎琳慢慢端着蜡烛走上楼去。在踏上最后一级楼梯时,蜡烛熄灭了)

三、小学语文课本剧的实施策略

精彩的话剧表演,一言一行、一颦一笑,都含言外之意,一举一动、一招一式,皆藏人生百态。

(一)选定角色,熟悉剧本

剧本编写好之后,教师要根据情节合理地选择演员,通常采取主动报名的形式,教师可以个别指定口语表达比较好的学生来担任主角。角色定好后,学生先一同阅读剧本,了解剧情全貌,口头复述角色台词,揣摩人物心理,再看看哪些地方拗口或者不符合要求,然后进行修改。

(二)彩排

组织排练时,教师要注意各个角色的协调配合、场景转换的流畅连贯。排练完之后,教师要组织小组成员进行讨论,相互交流看法,共同完善剧本。排练时,教师或其他小组成员可以观看、指导。

(三)课堂表演

正式演出时,教师或者教师指定某位学生有序地安排和指挥演员进场。

(四)总结评价

课本剧表演完毕,教师应组织学生对本次课本剧表演进行小结,小结可以采用学生自主性评价和他人评价相结合的方式。评价时,教师可以让学生谈表演时的感受,表达自己的独特体验,享受表演带来的幸福感与成就感,教师和其他学生可随时提出不同建议。

四、小学语文课本剧设计与案例展示

课本剧《两小儿辩日》

《两小儿辩日》是战国时期思想家列子创作的一则极具教育意义的寓言故事,讲的是孔子东游遇见两个小孩,他们在争辩太阳什么时候离人近,什么时候离人远,最终孔子也没能给出科学解释的故事。反映出中国古代的人们对自然现象的探求及其独立思考、大胆质疑、追求真理的可贵精神。全文通过对话的形式来表现人物,展开故事情节,人物语言极具个性化,人物形象栩栩如生。

旁白:各位老师们、同学们,苏州市×××实验小学五(1)中队的课本剧表演者分别是刘××、张××、滕××等。表演的题目是《两小儿辩日》。本文是一则寓言故事。文章叙述了古时候,两个小孩凭着自己的直觉,一个认为太阳在早晨离人近,另一个认为太阳在中午离人近,为此,双方各持一端,争执不下,就连孔子这样博学的人也不能做出判断。这则寓言故事说明为了认识自然、探求客观真理,要敢于独立思考、大胆质疑;也说明宇宙无限、知识无穷,再博学的人也会有不懂的知识,学习是无止境的。

孔子常说"知之为知之,不知为不知,是知也",也就是说要谦虚、实在,不能不懂装懂。孔子还说过,看一个人要"听其言,观其行",也就是说,根据这个人的所作所为去判断一个人,是否言行一致。那么,孔子是不是"知之为知之,不知为不知"呢?刚好,下面这一幕会解答我们的疑问。

甲、乙:(两小儿上场)我对!我才对!

孔子:(孔子从西边上场,两小儿也迎了上去)你们在吵什么呀?

甲、乙:我们在争辩日头中午离我们近,还是早晨离我们近。

甲:我认为太阳出来时距离人近,而正午时距离人远。

乙:我认为太阳刚出来时离人远,而正午时离人近。

甲、乙:您是名闻天下的老先生,您的知识比我们丰富。您来评一评,我们俩到底谁说得对呢?

孔子:哦,那你们各有什么理由呢?

甲:您想,早晨的太阳大得像车上的篷盖一样,等到正午时就像个盘盂,这不是远处的小而近处的大吗?

乙:可是,太阳刚出来时清清凉凉的,等到正午时就热得像把手伸进热水里一样,这不是近的时候热而远的时候凉吗?

孔子:这,这,两位小学士,实不相瞒,老朽也不能断定你们俩到底谁说得对,谁说得错。恕老朽无知,愿拜两位为师。

甲、乙:(笑)谁说您知道的事情多呢?

(孔子施礼)

甲、乙:不行,不行,要我们收徒,我们也不知道答案,怎么能做您的老师呢？您的学识渊博，我们应该拜您为师才对啊！(施礼，下场)孔子真是名不虚传，谦虚待人，实事求是啊！

孔子：(站在原地感叹)世人多以己为大，孰料小儿之睛更锐也，吉乎！两小儿喜欢探索，精神可嘉啊！

旁白：同学们，剧中两小儿喜欢探索，精神可嘉。两小儿认识事物的角度不同，结果自然就不一样。老师常说，我们是最喜欢探究问题，寻求真谛的。看过课本剧《两小儿辩日》后，能否说出你的看法和理由呢？

这个课本剧以文言文《两小儿辩日》为蓝本，突出了主题，人物语言没有保留文言文，改成口语化的现代文，符合文言文教学的要求。剧本的书写符合标准格式，主要由旁白和对白构成，旁白条理清晰，对白简洁有趣，人物个性鲜明。

课本剧《将相和》

《将相和》是根据司马迁《史记·廉颇蔺相如列传》改写的一篇历史故事，它以秦、赵两国的矛盾为背景，以蔺相如的活动为线索，通过"完璧归赵""渑池之会""负荆请罪"三个小故事的记叙，写出了将、相之间由和到不和再到和的过程。赞扬了蔺相如勇敢机智、不畏强暴的斗争精神，以及以国家利益为重、顾大局、识大体的政治远见，也赞扬了廉颇勇于改过的精神。

第一幕 众臣力荐蔺相如

旁白：战国时候，秦国很强大，常常进攻别的国家。有一回，赵王得了一件无价之宝，叫和氏璧。秦王知道了，就写了一封信给赵王，说愿意拿十五座城换这块和氏璧。赵王接到信后非常着急，立即召集大臣来商议。

场景：赵国宫殿

人物：赵王、廉颇、左右随从

赵王：传爱卿上朝！

左右随从：宣各位大臣上朝！

廉颇、左右随从：参见大王。

赵王：(拿着和氏璧，眉头紧锁)众位爱卿，秦王写信给朕，说愿意拿十五座城换这块和氏璧,这和氏璧乃无价之宝。众位爱卿说说,到底要不要换城池?

廉颇:大王,秦王向来阴险狡诈,他不过是想把和氏璧骗到手罢了,不能上他的当。

左随从:可是若不答应换和氏璧,秦王派兵前来进攻怎么办?

赵王:唉,这可如何是好?

右随从:大王,民间有位能人,名叫蔺相如,他勇敢机智,也许能解决这个难题。

赵王:哦?快把蔺相如找来。

左右随从:宣蔺相如上朝!

蔺相如:(上场,站在中间)参见大王。

赵王:免礼。你一定听说了秦王换和氏璧一事,不知你有何妙策?

蔺相如:(想了一会儿)大王,我愿意带着和氏璧到秦国去。如果秦王真的拿出十五座城来换,我就把和氏璧交给他;如果他不肯交出十五座城,我一定把和氏璧送回来。那时候,秦国理亏,就没有发兵的理由了。

赵王:只好如此了。

第二幕 完璧归赵

场景:秦国宫殿

人物:秦王、蔺相如、左右随从

旁白:蔺相如到了秦国,进宫见了秦王,献上了和氏璧。

秦王:(双手捧住和氏璧)这和氏璧太美了,真是无价之宝!

蔺相如:大王,关于那十五座城池……

秦王:别着急,慢慢来。

旁白:蔺相如看这情形,就知道秦王没有拿城池换和氏璧的诚意。

蔺相如:(上前一步)大王,这块和氏璧有点儿小毛病,让我指给您看。

秦王:是吗?你指给我看看。(把和氏璧交给了蔺相如)

蔺相如:(捧着和氏璧,往后退了几步,靠着柱子站定,理直气壮地)我看您并不想交付十五座城池。现在和氏璧在我手里,您要是强逼我,我的脑袋

与和氏璧就一块儿撞碎在这柱子上!(举起和氏璧就要往柱子上撞)

秦王:(怕他真的把和氏璧撞碎了)慢着,一切都好商量,我现在就把十五座城池指给你看。

蔺相如:大王,这和氏璧是无价之宝,要举行个隆重的典礼,我才愿意交出来。

秦王:好吧,那就定在两日后的吉日举行典礼。退朝!

旁白:蔺相如知道秦王丝毫没有拿城池换和氏璧的诚意,一回到客栈,就叫手下人乔装了一番,带着和氏璧抄小路先回赵国去了。到了举行典礼那一天……

左随从:吉时已到,宣蔺相如上殿!

蔺相如:(大大方方地)和氏璧已经送回赵国去了。您如果有诚意的话,先把十五座城池交给我国,我国马上会派人把和氏璧送来,决不失信。不然,您杀了我也没有用,天下的人都知道秦国是从来不讲信用的!

秦王:(站起来,拍桌子)放肆!把蔺相如拖出去斩了!

右随从:大王,这蔺相如是赵国的使者,恐怕不能杀了他。您如果把他好好地送回赵国,还能增进与赵国之间的友谊。

秦王:这……来人!把蔺相如送回赵国!退朝!

旁白:这就是"完璧归赵"的故事。蔺相如立了功,赵王封他做了上大夫。过了几年,秦王约赵王在渑池会见。

第三幕 渑池之会

场景:赵国宫殿

人物:赵王、蔺相如、廉颇、左右随从

赵王:众位爱卿,这渑池之会,去吧,恐怕有危险;不去吧,又显得太胆怯。

蔺相如:大王,我认为对秦王不能示弱,还是去好。我们可以让大将军廉颇带着军队送我们到边境上,做好抵御秦兵的准备,以确保万无一失。

赵王:那就按蔺相如说的做,退朝。

旁白:赵王到了渑池,会见了秦王。

场景:渑池

人物:秦王、蔺相如、左右随从、赵王

秦王:今天是一个好日子,听闻赵王精通音律,你就鼓一段瑟给本王听吧。

赵王:好。(不好推辞,鼓了一段)

秦王:叫人记录下来,说在渑池会上,赵王为秦王鼓瑟。

左随从:是。

蔺相如:(看秦王这样侮辱赵王,生气极了,拿着缶,走到秦王面前)秦王,请您为赵王击缶。

秦王:我堂堂一国之君,怎么能为别人击缶?

蔺相如:您现在离我只有五步远。您不答应,我就跟您拼了!

秦王:(被逼得没法)有话好好说,我敲,我敲。(敲了一下缶)

蔺相如:叫人记录下来,说在渑池之会上,秦王为赵王击缶。

右随从:是。

旁白:秦王没占到便宜。他知道廉颇已经在边境上做好了准备,不敢拿赵王怎么样,只好让赵王回去。蔺相如在渑池之会上又立了功,赵王封他为上卿,职位比廉颇高。

第四幕 将相和

场景:廉颇家、路途中、蔺相如家

人物:廉颇、蔺相如、左右随从

廉颇:(很不服气,面向左随从)我廉颇攻无不克,战无不胜,立下许多战功。他蔺相如有什么能耐,就靠一张嘴,反而爬到我头上去了。我碰见他,一定要让他下不来台!

右随从:(面向蔺相如)上卿,廉颇将军说,他碰见你,一定要让你下不了台!

蔺相如:你跟大王说,我病了,不上朝,免得跟廉颇见面。

右随从:好。

旁白:有一天,蔺相如坐车出去。

右随从：上卿，廉颇骑着高头大马朝我们过来了！

蔺相如：车夫！你快把车往回赶。

左随从：(看不顺眼了)上卿，你看见廉颇像老鼠见了猫似的，为什么要怕他呢！

蔺相如：诸位请想一想，廉将军和秦王比，谁厉害？

左右随从：当然是秦王厉害！

蔺相如：秦王我都不怕，还会怕廉将军吗？大家知道，秦王之所以不敢进攻我们赵国，就是因为有我们两个人在。如果我们俩闹不和，就会削弱赵国的力量，秦国必然乘机来打我们。我之所以避着廉将军，为的是我们赵国啊！

左右随从：上卿，您真高尚啊！

旁白：廉颇听说了这件事。

(廉颇脱下战袍，背着荆条，到蔺相如家请罪，下跪)

蔺相如：廉将军，你这是为何？

廉颇：蔺相如，我听了你对随从说的话之后，静下心来想了想，我觉得自己为了争一口气，就不顾国家的利益，真是不应该！

蔺相如：廉将军，大丈夫不拘小节，你又何必再为此事烦心！不如我们从此结为好友吧！

廉颇、蔺相如：(两人站在一排)将相和好结义气，试问哪国敢来欺！(鞠躬，下台)

这个剧本基本保留了课文的原貌，课文中的故事经过改编变成既独立又相互关联的四幕剧。教师可以根据教学需要选择一幕或者全剧来表演。每一幕的戏剧因素构成比较完备，有场景说明，有对白也有旁白。故事情节清楚，人物台词兼顾了人物的身份和个性，简练且富于动作性。

第三节 课堂诗音画综合设计

一、小学语文教材里众多的文学作品是课堂诗音画综合设计的前提

除了为数不多的说明文和议论文之外,教材中大部分篇目都属于文学作品,即使是文言文,也以诗歌、散文、故事等文体形式出现。这些作品无一例外地通过语言来塑造文学形象,反映社会生活,表达思想感情,均属于文学作品。教师在教授这些课文时,不能仅仅把它们当作普通的文章,还需要从文学的角度,结合文学形象的特点引导学生去理解,提高学生的阅读能力和鉴赏能力。

文学是反映社会生活、表达思想感情的一种艺术,文学区别于其他艺术的主要特点,就在于它运用语言来塑造形象。[①]文学的主要任务是塑造文学形象。文学形象是指文本中呈现的具体感性的、具有艺术概括性的、体现着作家审美理想的、有着审美价值的自然和人文的图画。文学以具有审美意义的形象反映生活,具有如下特点。

一是形象性。形象性是指艺术形象是个别的、具体的、生动感性的形式,如同生活中实际存在的人、事、景、物一样,以其光、色、声、形或运动态势直接作用于我们的感觉,显得真切而生动,使读者如见其人、如闻其声、如触其物、如历其境。

二是普遍概括性。文学形象能够传达丰富的内在意蕴,通过对富有特征性的具体事物的描绘,以显示某种思想或者哲思。

三是情感性。文学形象能够表现、传达人的情感,以激发读者共鸣,促进情感交流。如果说形象性是文学艺术的外在标志,那么情感性就是文学艺术的内在品格。一部优秀的文学作品,应该包含着作者丰富的个人情感,也包含着作者对社会、对人生的感受和评价。

四是审美性。文学形象作为审美信息的载体,可以通过读者这个接受

[①]张永权.通过审美促进社会进步[J].含笑花,2020(3):1.

者,反作用于社会,对人类改造客观世界和主观世界的实践活动产生直接或间接的影响,形成文学所特有的社会价值。

在小学课文中,叙事类的作品比较多,诸如叙事散文、小说、童话、寓言、故事等。

根据文学作品在意象建构、体裁结构、语言运用、表现方法等方面的不同,文学作品又可分为四大类,即诗歌、散文、小说、戏剧。

艺术的各个门类都有自身的独特性,但作为人类生活和情感的艺术再现或表现,它们又不乏相通之处。每个艺术门类都是一个开放的体系,只要具备一定的条件,它们就会从其他艺术中吸取营养,甚至同其他艺术结合起来并创造出新的艺术品种。这样既可以丰富和发展自己,又可以使整个艺术系统得到发展。这是艺术发展的一条客观规律。在人类社会发展的童年时代,诗、乐、舞是三位一体的,用于祭祀和欢庆。在封建社会早期,诗歌与音乐也有着密切联系。我国第一部诗歌总集《诗经》就是篇篇入乐的。早期的文学批评也看到了诗、乐、舞之间的内在联系。《毛诗序》曰:"诗者,志之所之也。在心为志,发言为诗。情动于中而形于言,言之不足,故嗟叹之。嗟叹之不足,故咏歌之。咏歌之不足,不知手之舞之足之蹈之也。"艺术在自身的发展过程中,不同的门类之间相互吸收、相互利用,甚至重新结合在一起成为一门新的艺术,这也是实践反复证明了的一条规律。例如,中国的戏曲既是文学和歌舞、说唱表演的结合,又吸收了美术的因素,可以说是一门综合性艺术。文学性质的歌词和音乐性质的曲调之间的结合就形成了歌曲,电影的表现手段与绘画的造型方式相结合就形成了动画片。

在新媒体时代下,随着时间的推移、时代的发展、科技的变迁,越来越多的传播方式和媒体形式不断涌现,多媒体将各种艺术捆绑在一起,使各种艺术正在突破原有的疆界,互相借鉴和吸收,融合在一起。

二、小学语文课文诗情画意的特性

(一)诗意语文

一般来说,将诗歌和语文联系在一起是因为教材里选入了大量的诗歌,既有古诗词和现代诗,又有大量的儿歌。其简短的诗句和明朗的节奏可以让学生沉浸在优美的诗意中,体验人生,体验生活。除了诗词之外,部编版小学语文教材里的课文多以讴歌真善美为主题,正如每一册教材的封面,都是有温度的橙红色,充满着诗情画意。这些课文都饱含着作者对生活的思考,对理想的追逐,对真善美的赞扬,对假恶丑的否定。

我国历来重视文学的教化作用,诗教更是我国古代教育的重要内容。《论语·阳货》中孔子对他的学生说:"小子何莫学夫诗。诗,可以兴,可以观,可以群,可以怨。迩之事父,远之事君。多识于鸟兽草木之名。"诗歌不仅可以用于政治活动,也可以用于日常生活。《论语·季氏篇》中孔子与儿子孔鲤有一段对话:"学诗乎?"对曰:"未也。""不学诗,无以言。"鲤退而学诗。历代教育家也十分重视诗教。以诗育人,对促进学生的德育、智育、美育等方面的全面发展,大有裨益。

(二)音律语文

音乐与文学之间有着密切的联系。与文学用语言塑造形象不同,音乐、舞蹈属于造型艺术,以音响或演员的形体动作和表情来塑造艺术形象。音乐作为抽象性的艺术,是演奏给人听的,也可令人在视觉中看到形象的画面。这是一幅用音符当色彩、旋律作线条所绘出的只能用听觉去观看的心灵之画。

音乐用旋律的高低起伏、音响的强弱来表现情感的起落。人生就像一首美妙的歌曲,总会有高亢与低沉的旋律,而这些旋律正如乐章中的插曲,或是几个跳跃的音符,随着乐曲的展开、呈现和深入,表达感情的起伏波动,给作品注入灵魂,表现出丰厚而深刻的内涵。文学也能展现作家喜怒哀乐的感情变化,并用语言文字来表达。小说中的一段叙述和描写的背后隐藏着不同程度的感情,诗歌中的每一句都是感情的抒发。感情的抒发直接跟节奏连在一起,通过节奏来表现作家内心的情感波动。节奏感可以带给诗词、散文等文学作品音乐般的美感,如:诗人表现平和细腻的感情时,采用比较舒缓的节奏;诗人表现奔放激昂的感情时,采用比较急促的节奏;诗人表现大起大落的感情时,则采用急缓相间、转换跳荡的节奏。

(三)画感语文

文学以语言符号描写世界,作用于人的想象,是语言的艺术。绘画、雕塑则用木、石、线条、色彩等物质材料和艺术手段,塑造出在空间中可以直接感触的艺术形象。由此构成二者的区别:绘画用的是"自然符号",即形体和颜色,文学用的是"思想符号",即语言。尽管如此,二者也有很紧密的联系。

中西方很早就认识到诗画有着密切关系。古希腊抒情诗人西蒙尼德斯曾说过:"绘画是无声的诗,诗是有声的画。"我国北宋诗人苏轼在评论王维时说:"味摩诘之诗,诗中有画,观摩诘之画,画中有诗。"所谓"诗中有画",是说诗中有如画般的优美鲜明的形象;所谓"画中有诗",是说画中富有诗意,韵味无穷。在我国古代,文人墨客常常在一幅意境幽远的绘画上,题上一首小诗,再加上几枚朱印,诗、书、画、印融为一体,可谓珠联璧合,构成艺术史上的独特样式。

三、小学语文课堂诗音画综合设计策略

优秀的文学作品正如一段优美的旋律,抒写着人生的乐章。部编版小学语文教材有一个非常明显的变化,即增加传统文化的篇目。从小学一年级开始就有古诗文,至小学六年级共选优秀古诗文124篇,占所有选篇的30%,比原来的人教版多出55篇,增幅达80%。古诗文韵律优美、寓意深刻,但对于理解能力尚浅的小学生而言,是有一定难度的。

如何让我们的语文课堂充满诗情画意,激发学生对未来的畅想?针对学生想象力丰富、活泼大胆的性格特征,教师可以引导学生在"画、读、想、诵"中陶冶情操,并提高欣赏美的能力。

(一)读一读,读出浓浓的诗意美

好文章带给我们的是无限的诗意,作家用他手中的笔,勾画出人间美丽的画面,歌颂真善美。对于小学低年级的学生来说,反复朗读是枯燥的,根本激不起他们的学习兴趣。在教学中,教师要结合学生的年龄和心理特点,以多种多样的朗读方式来帮助学生读通古诗,师生对读、肢体语言辅助读都是比较好的方法。例如,清代诗人高鼎的七言绝句《村居》(部编版二年级上册):"草长莺飞二月天,拂堤杨柳醉春烟。儿童散学归来早,忙趁东风放纸

鸢。"诗人先具体生动地描写了春天的大自然,描绘了春日农村特有的明媚、迷人的景色,这里教师可以跟学生一问一答,自然诵读;接着写人物活动,描述了一群活泼的儿童在大好的春光里放风筝的生动情景,教师播放春日美景的视频作背景,与学生一起读,效果会比较好。通过节奏朗读,想象美好的乡村景象,体会美好的生活。

(二)唱唱,吟唱文章的音乐美

为了很好地感受作家的情感,诵读和吟唱是比较好的方法。像儿歌、童谣这种颇有韵律的文学作品,诵读不仅能够帮助学生理解内容,更能够通过语音体会节奏和韵律的美感。在多种方式熟读成诵的基础上,让学生动用眼、耳、鼻、舌、身去演一演、唱一唱也是非常好的一种方式。

例如,在教学李白《望庐山瀑布》(部编版二年级上册)时,教师先选择配乐吟诵,跟随明快的乐曲声吟诵,学生从中感受有山、有水、有云的美的景象、美的氛围,为学习这首诗做好情感铺垫。接着,教师在音乐声中介绍李白写这首诗的背景,学生在这样的氛围中深入学习这首诗,有利于学生对诗的理解。最后,在理解诗意的基础上,教师加入配乐让学生练习吟诵这首诗,更能激发学生吟诵诗的积极性。古人云:"熟读唐诗三百首,不会作诗也会吟。"这里的"熟"就是强调反复吟诵的效果。

(三)想想,想象画面的美

各种艺术对作品的意境塑造及想象空间的展开,都有着相同的要求。例如,音乐作为时间的艺术,以流动的旋律架构于特定的曲式结构之上,在一个相对固定的时间段中呈现。在文学艺术中,也存在着时间性。当我们阅读文学作品时,在或长或短的时间里,作品的客观表达方式唤起了我们对作品意境的想象,我们进入一个由作者构建而成、由自己去体会的巨大的想象空间,从而达到对作品深刻的情感体验。

(四)画一画,画出空间感

语言文字是抽象的,图画是形象的文字,把二者糅在一起可使人们从形象和色调上感受到美。自古以来,诗不离画,画可赋诗,诗和画是和谐的统一体。如果能把诗中的语言还原成具体形象的画展现在学生面前,用"吟诗作画,以画讲诗"的方法去打开学生的心扉,化抽象的文字为具体可感的图画,那么给学生的感觉将是生动直观的。

例如,李白《望天门山》(部编版三年级上册)是一首画面简洁、空间感较强的七言绝句。从字面上理解诗句的含义不是很难,这首诗歌的理解难点是空间方位问题,当时诗人乘船从西往东,为何诗歌最后一句是"孤帆一片日边来"?教师通过反复朗读进行引导,帮助学生想象,让学生根据诗句画出图画,就能解决这个难题。

(五)演一演,体会作者的感受

在人类从愚昧走向文明的路途上,文学开启了人们对美好的追寻、对爱情的神往、对真理的探索、对智慧的渴求、对理想的渴望。中华经典诗词是德育的源头活水,它将"爱国守法、明礼诚信、团结友善、勤俭自强、敬业奉献"等中华民族的传统美德艺术化,以诗词曲赋的形式记录下来,其本身就包含着深刻的思想内涵和道德教育的内容。生活处处有诗意,例如,《搭石》一课中,"一排排搭石,任人走,任人踏,它们联结着故乡的小路,也联结着乡亲们美好的情感",体现了人与人之间的纯真感情。教学时,教师可以让学生试着演一演,体会同学之间相互关爱带来的快乐。又如,著名散文家朱自清写的脍炙人口的散文《匆匆》,细腻地刻画了时间流逝的踪迹,表达了作者对时光流逝的无奈和惋惜,启示每个人要学会珍惜时光,教师可以设计情节,让学生跟着课文一起去感受时光的流逝。

四、小学语文课堂诗音画综合设计与案例展示

(一)课文呈现

《祖父的园子》(部编版五年级下册,课文略)

(二)课文解读

部编版小学语文五年级下册第一单元的主题是童年,语文要素有两个:一是体会课文表达的思想感情,二是把一件事的重点部分写具体。《祖父的园子》节选自现代著名女作家萧红的自传体小说《呼兰河传》,文章以清新、活泼的文笔为我们勾画了一个充满生机的祖父的园子。文章通过作者回忆

自己儿时在祖父的园子里玩耍的一系列情景,表达了对祖父园子的深深喜爱之情,更表达了对包容自己、爱护自己、给"我"自由的祖父的思念之情。正是因为祖父的慈爱,"我"才有那么一个无忧无虑、自由自在的童年。萧红骨子里的忧郁、对故乡无限怀恋的情思,流淌在呼兰河里。萧红的小说讲究把散文笔法、抒情诗手法、绘画技法引进小说创作中,在叙事记人中随时插入优美景物的描写,并在写景状物中融入深厚的情感。著名作家茅盾对《呼兰河传》的赞誉是"一篇叙事诗,一幅多彩的风土画,一串凄婉的歌谣"。

(三)设计要点

1.景。《祖父的园子》一文勾勒出了一幅色彩明丽、富有童话色彩的画,整篇课文画面感很强。课文第一自然段先描写园子里的动物,第三自然段运用叙述和描写相结合的手法写园子的过去和现在种植的树,第十三自然段则描绘了一幅流动的画:"我"看见黄瓜摘来吃,丢下黄瓜又去追蜻蜓,采倭瓜花,捉蚂蚱。随着作者的描述,一幅幅画面一一展现,画面随着作者的叙述自然转换。设计时,可以用彩笔勾画的形式把握整个画面,在理解课文的同时随文识字。

2.人。文中从第三自然段开始写人——"我"和祖父。重在叙事,简写事件。记述了"我"跟着祖父在园中栽花、拔草、种白菜、铲地、浇水的情节。人物刻画只有神态描写和语言描写,在轻描淡写中写出了祖父对童年的"我"的呵护之情。

3.情。本文节选自自传体小说《呼兰河传》,自传体小说是介于小说、散文和诗歌之间的边缘文体,以第一人称来叙述和描写,在绚丽多姿、亲情凝注的画面中,我们看到了五彩缤纷的昆虫、天真调皮的女孩、自由自在的庄稼,感受到了祖父的慈祥和宽容。祖父的园子给童年的"我"带来了无与伦比的快乐,这快乐丝丝缕缕,萦绕在文章的字里行间。

(四)教学目标及重难点

1.教学目标。

(1)知识与技能目标:①理解课文内容,感受"我"在园子里充满乐趣、自由自在的生活,体会祖父的爱,初步感悟园子的精神意义;②正确、流利、有感情地朗读课文;③学会8个生字,理解由生字组成的词语;④感受作者语言清新自然、率真稚拙之美,产生阅读作者其他作品的愿望。

（2）过程与方法目标:通过朗读体会作品的语言特色,感受作家独特的感情表达方式;通过绘画的形式,了解作家怎样用恰当的语言描绘园子;通过表演的形式体会祖父对"我"的呵护,让"我"自由自在地成长,并度过愉快的童年生活。

（3）情感态度与价值观目标:激发对自己童年生活的珍惜,对亲人的怀念。

2.教学重难点。

（1）重点:体会"我"在园子里自由自在、快乐无忧的心情。

（2）难点:学习作者留心观察生活,用心感受生活,真实地表达自己感想的写作手法。

（五）教学流程展示

1.第一课时。

（1）认识作家,导入新课。

第一,教师用课件展示呼兰河的风景图片、呼兰镇的图片、作家萧红的照片,在背景音乐中,教师用缓缓的语调介绍作者:"有一朵开在中国北方原野里的花,盛开在中国东北的农家院落里,她从来不用浇水,任着风吹,任着太阳晒,却越开越红,越开越旺盛。事实就是这样,在20世纪30年代的文坛,萧红就像是她笔下那北方庭院里的花儿们一样,鲜明而热烈地开放,泼辣辣地,不娇贵,不做作,自由自在地开在阳光下。无论她的生命中有多少逃亡与饥饿,无论她面对多少困苦与不幸,她都用她的笔写着她的字,大气的文字。看,她就是萧红。"

第二,出示萧红的简介,介绍自传体小说《呼兰河传》,提示大家课后阅读全文。

设计思路:本篇课文安排在部编版小学语文五年级下册第一单元第二课,属于教读课,在旧教材中是自读课文。我们从中可看到编者对阅读文学著作的重视。设计的导入起到介绍作家和作品的作用,突出作家个性,帮助学生理解这篇课文的格调。

(2)反复朗读,随文识字。

第一,学生默读,同桌合作或者自学生字。

第二,教师在背景音乐中范读课文,提示思考:文中描绘了哪几幅画面?

第三,交流分享课文中重点描绘的画面,谈谈自己关注的画面,并谈谈理由。

设计思路:这个环节是阅读环节,在阅读中把握作家是如何描绘"祖父的园子"的,依次描绘了哪几幅图,讨论、分享是为了完成课文单元任务,为下一环节做好铺垫。

(3)根据课文内容绘制图画。

第一,依据课文内容画一幅画,既可以是全景也可以选一小景,注意依据课文内容来构图。

第二,教师提示引导:注意构图空间(上、下、左、右)、空间内容(景、人、物)和画面颜色;绘画既可以用彩图又可以用简笔画;教师巡堂,予以指导。

第三,小组分享图画,用课文里匹配的相关词语介绍自己的画;学生之间互评。

第四,小组推荐代表上台汇报。

第五,教师进行点评。

设计思路:这篇课文画面构图感非常强,使用的词语很精确,特别是前两个自然段。通过教师引导,学生学会把握课文中的动词、形容词,捕捉动态和静态景观,掌握语言文字和绘画的对应关系,提高学生描写景物的层次感。

(4)配乐朗读,想象画面美。

第一,朗读优美段落,想象画面美。

第二,在背景音乐中,全班朗读课文,再感受画面美。

第三,梳理画面,理解文章脉络。教师引导学生把一幅一幅学生画的画,按照课文发展脉络组合起来,梳理课文层次的同时理解作者写作时的情感变化。

课文是按照记忆中的园子(第一至三自然段),跟着祖父在园子里干活、玩耍(第四至十五自然段),园中的一切都是活的,都是自由的(第十六至十七自然段),在园中玩累了,可以快乐地入梦(第十八至二十自然段)来组织段落的。

设计思路:主要采用语言文字和绘画艺术相结合的方法来阅读和理解课文。人人参与,踊跃表现,读懂了才能绘画;而绘画的过程又能促进对课文内容的理解。朗读、绘画、想象能力的综合运用,是阅读方式的一种突破。

2.第二课时。

(1)词语填空,衔接新知:教师用课件展示课文中的新词汇,让学生将新词汇快速填入课文段落中,使其再次熟悉课文,衔接第一课时。

设计思路:随文识字,熟悉课文,把握作家的思想感情。

(2)数一数,唱一唱,连一连:①阅读课文,找一找,"我"在园子里做了哪些事情;②将这些事情按照课文顺序连起来:戴草帽、摘花、拔草、平地、铲地、摘瓜、追蜻蜓、采倭瓜花、捉蚂蚱、绑蚂蚱、浇菜;③尝试把这些事情用句子的形式唱一唱,并伴以动作,按组接龙。如:我是个……我爱……阳光下,我喜欢……

(3)演一演,我是个好女孩:①分角色朗读第六至十三自然段,要求按照原文进行对话;②分组扮演祖父和"我",要求有所创造,可以增加台词和动作;③选派代表上台汇报;④总结讨论:祖父是以何种方式爱"我"的?

设计思路:这样设计能够把课文中有点散漫的连续动作串联起来,重点表现"我"和祖父的对话,领会详写和略写的差别和效果,在熟悉课文的基础上逐渐去理解作者想要表达的思想感情,为后面揭示主题做好铺垫。在设计上,唱和演相结合,紧扣课文内容,学生参与度高。

(4)再读课文最后五个自然段,寻找关键词,与作者产生共鸣:①自由读课文,找出能体现作者思想感情的词语;②交流分享:不敢、健康、漂亮、逛、活、自由、愿意、随意、睡了;③发现重复率最高的词"愿意";④交流课文中心思想:自由的"温暖与爱"是萧红"永久的憧憬与追求";⑤拓展延伸,深入作者内心深处。

设计思路:本环节是课文主题的探讨和延伸,选择抓关键词的方法,可以帮助学生理解这篇看起来既像散文又像小说的课文。

第四章 初中语文综合性学习研究

第一节 如何在语文综合实践中落实核心素养

语文综合实践课的教学,要充分发挥学生在课堂中的主动性,通过自主合作探究,提高学生运用生活体验或所学过的知识解决问题,从而获得新知识的能力。活动的组织形式不仅限于教室,也可以在教室之外,教师需要根据活动目标灵活设计多样的上课形式。充分利用学校或社区资源,创设活动情境,组织学生参观学习。组织活动要体现民主,可以全班、小组或者个人进行。教师要根据教学实际,不断创造适合学生的教学方式和活动组织形式,真正起到培养学生核心素养的作用。

语文综合性学习教学不是单一的学生学或者教师指导,应该是多样化的教学活动,是学生了解、掌握知识,互相获取知识的途径;是拓展语文教学外延和促进写作教学以及语言表达等全方位提高的有效策略之一。综合性学习活动能极大地调动学生学习的主动性,培养学生深入思考的能力,促进学生语文素养的整体提高。

一、教学现状分析

(一)教学重点不突出

语文综合实践课堂重点不突出,很多老师的课堂设计只是为了让学生参与活动,没特别突出某个环节,直击教学目标。新课标中要求要培养学生的语文素养,就需要教师研究探索如何更好地在课堂中培养学生的语文素养,达到课堂目标。有的教师课堂时间把握不够充分,预设的课堂内容不能按时完成,导致课堂重点不突出,这是很多语文综合实践的现状之一。

(二)教学方式有待改进

语文综合实践课注重实践活动,在活动探究中学到语文知识,提高语文素养。有的学校由于硬件和软件设施条件的限制,不能更好地开展综合实践活动,只能就书本讲解。有的老师因为习惯讲授的方式而没有积极探究更适合语文综合实践活动的上课方式。因此,我们需要不断探究,寻找适合课堂的教学方式。

(三)活动组织形式单一

很多教师都是在教室上语文综合实践活动课,课件仅用到图片、文字或视频。老师通过图片、文字或视频引导学生进入课堂,让学生带着问题思考,很少组织小组合作讨论。其实教师可以根据活动内容设计不同的活动形式,只要能够达到教学目标就可以。这需要教师根据学情和课堂内容的特点来设计活动方案,创造适合学生学习的语文综合实践活动课堂。

(四)对教学内容挖掘不够

语文综合实践中要体现语文综合知识的运用,包括听说读写能力的提升,课本学习与实践活动相结合。学生在课堂上对语言的表达应该得到训练和提升,同时思维也获得训练。在实践活动中,学生的动手能力得到提高,这是语文教师在设计课程的时候需要考虑到的。语文综合实践活动,很多内容就是密切结合学生的生活取材的,很多教师在语文综合实践活动教学中仅仅以教材内容组织教学,没有深入思考教学内容的生活来源,让学生从生活的体验中进入课文内容,没有挖掘到教学内容的综合性与实践性。

二、教学策略分析

基于培养语文核心素养的重要性和语文综合实践教学的现状,从学校教育环境的营造,教师对学生语文核心素养的研究、对教学内容的挖掘以及教学方法的改进与活动组织形式方面进行分析。

(一)营造良好的育人环境

良好的教育环境有利于教育活动的开展,有利于学生在良好的氛围中学习,培养学生的语文核心素养。国家的教育方针、规划及课程标准都有培养具有良好核心素养人才的要求,而我们学校、家庭及教师要积极营造好的教育环境。学校需要与时俱进,站在教育改革前沿,积极宣传新课程、改革的新动态、语文核心素养的实践新成果,促进学校教师积极实践和探索。多组织学术交流及教研活动,让教师获得新认识,为教师的教学实施提供条件。家庭需要与学校配合,这需要学校层面与家庭建立联络交流平台,让家长理解、配合学校工作,认识到培养具有核心素养的学生需要家长的助力。教师应积极做好核心素养的培育工作,根据要求,立足学情,探索方法,积极实施。

(二)在教学中落实核心素养培养目标

要在教学中落实语文核心素养的培养目标,教师需要认真研究新课程标准,领会语文课程标准相关要求,并结合学情认真分析如何有效培养学生的语文核心素养。教师需要根据核心素养的目标要求结合课文内容设计教学方案,把语文学科体系和课标要求相结合,做到心中有课标,手中有方案。这样才会更好地在语文综合实践教学中落实语文核心素养。比如,让学生能说一口流利的普通话,能写规范的汉字,并能够表达自己的一些想法,学会把学过的知识在生活中运用,这是语文核心素养的"语言建构与运用"和"思维的发展与提升"的具体表现。让学生在语文综合实践活动中能够辨别善美与丑恶、正义与非正义,懂得欣赏图画美、事物的美及人们友好情感之美,并且会创造这种美,这是培养了他们审美创造的语文核心素养。让学生从传统文化综合实践活动中找到兴趣,获得成长的养分,对培养他们健康的人格和操守有重要作用,这也体现了"文化传承与理解"的语文核心素养目标。

语文综合实践教学是综合性与实践性相结合的教学活动。新课标中提出"在教学中努力体现语文教学的实践性和综合性"的教学要求。教师在语文综合实践活动中要注意把握教学目标,要充分挖掘教学内容。新课标还指出:"语文综合性学习有利于学生在感兴趣的自主活动中全面提高语文素养,是培养学生团结合作、勇于创新精神的重要途径,应该积极提倡。"教师要在课程和教学内容中体现语文知识的综合运用,在实践活动中学习语文知识,拓展语文学习和运用的范围,不局限于某一方面的知识和能力。比如,沟通课堂内外,注重家庭和社会等教育资源,甚至运用其他学科和现代教育技术辅助教学,让学生感受不同内容的融合,拓宽他们的视野。新课标还指出:"语文是综合实践很强的学科,应着重培养学生的语文实践能力。"这说明语文综合实践教学不能忽视其实践性,教师要积极设计语文实践活动,在实践活动中培养学生的语文核心素养。

第二节 初中语文综合性学习教学策略

《义务教育语文课程标准》在"实施建议"中要求:"重视学生读书、写作、口语交际、搜集处理信息等语文实践,提倡多读多写,改变机械、粗糙、繁琐的作业方式,让学生在语文实践中学习语文,学会学习。善于通过专题学习等方式,沟通课堂内外,沟通听说读写,增加学生语文实践的机会。充分利用学校、家庭和社区等教育资源,开展综合性学习活动,拓宽学生的学习空间。"这一课程标准为我们开展语文"综合性学习"教学提供了理论依据。有学者认为综合性学习不能单纯地理解为一种学习方式,它是与识字教学、阅读教学、写作教学、口语交际教学并列的语文课程的五大教学形态之一,所以教学中应该积极探索研究并倡导体现学生自主、合作、探究式的教学方法和学习形式,这是在语文教学中能激发学生求知欲望和动手操作等综合一体的有效教学活动方式。

为了切实有效提高语文综合性学习的实效性,在教学中要重在认知,贵在落实。以前传统的语文教学(活动)表现在单一的识记、领会、应用层次上,部编版教材中语文综合性学习的特点应该表现在多元的应用、分析、综合、评价层次上。其中"应用"是语文教学和综合性学习都有所涉及的层次,我们把语文综合性学习教学中的"应用"延伸到语文社会实践和生活实践中。"分析"和"评价",部编教材中语文综合性学习活动中的知识罗列、活动程序(特征)较为突出,能够让学生明白该做什么。比如,八年级下册第二单元综合性学习"倡导低碳生活"分三大块:一是确定宣传主题;二是搜集资料,撰写宣传文稿;三是制作宣传材料,开展宣传。看起来一目了然。所以,我们在进行语文综合性学习活动的过程中,要充分利用它的特征,这样才能在更高层次上加强思维训练,从而培养学生分析语言、运用语言、综合实践、自我评价的能力;推进学生对知识、问题的深层次认知,实现深度的语文综合性学习。综合性学习课堂教学中不但要关注知识、人文,而且还要关注知识的结构和层次,纵横向发展,培养学生的综合能力,提高学生语文方面的核心素养。

综合性学习决定着语文实践的落实情况,所以应该采取形式多样的实践活动;实践活动以主要活动为主,辅以辅助性的活动。"活动"是综合性学习展开的基本方式,是语文实践的直接体验。具体课堂实施中,教师要引导学生组织策划方案,比如,座谈、问卷调查、访问等,不拘泥于阅读和写作,根据实际情况确定主要活动,利用辅助活动助推主要活动的完成。

语文教材中的综合性学习能有效提高学生的写作水平,使写作教学多样化、过程活动化,有利于激发学生的写作积极性,增强实践能力,直接把生活引入课堂教学和作文写作。叶圣陶说"写作材料源于整个生活",而实践证明把生活引入课堂教学和作文及综合性学习,既解放了学生的思想,又能使学生根据自己的生活实际畅所欲言。这样一来不但积累了素材,还提高了学生动手动脑的实践能力,因为只有不断实践才能培养学生的想象、观察、语言组织、推理和创造等能力。

课堂生活化,才能够充分发挥综合性学习的作用,比如,开展各种"说话(演讲)"比赛,促进写作。开展除了课堂教学外的社会实践活动和课余活动,如围绕社会热门、学生关注的话题,开展演讲、辩论、专题讲座和比赛等,以此来提高学生的说话和语言组织能力,同时提高学生写作的能力。在语文课堂中的不同领域(典型的课程)展开语言实践活动(如讲故事、演课本剧等),这样设置再现课文中的问题情境,能够真实或者近似真实地演练,使学生在其语文学习上形成相应的语言与思维活动机制,学生的语言运用能力则在不同内容的"综合性学习"过程中逐步得到提升。其实问题情境的创设就来自课外,积累在课堂中,课堂情景剧的模拟演练等活动不但丰富了教学活动,还能有助于学生成长。

　　课堂乡土化,学习乡土文化也是开展综合性学习活动的有效形式。搜集当地文化,如当地戏曲、社火、节日、风俗习惯、民间故事、过年时的庙会、祭祀活动、社区活动等。祭祀虽然是当地迷信活动,但学生有兴趣,这样就能够激发学生搜集素材的积极性,更能够畅所欲言。说真话、说有用的话,是积累素材的最好方式,也拓宽了学生语文运用的领域。所以,通过这些素材的搜集让学生感受其中包含的道理、蕴藏的文化,提升学生的文化素养。

　　课堂中重视综合性学习的动态生成。尽管学生的素材多样,教师的组织形式新颖独特,关键看学生课堂呈现如何,这就要关注学生的课堂动态生成。注重"综合性学习"教学的过程和生成问题,能够从课堂主体活动中以学生的活动角度改变传统式语文课堂教学中的习惯性教学方式,引导教师在教学设计中更加科学合理,从而逐步改变语文综合性学习的教学滞后和教师没有素材、枯竭乏味地让学生死学的现状。因为综合性学习活动教学是多样化教学活动,活动过程是开放的、自主的、动态的生成过程,教师对于教学活动过程的观察、理解、判断和认同有助于捕捉(记载)课堂教学活动生成的有用教学资源。所以课堂记录或者课后访谈是开发和强化综合性学习的有效方式。

第三节　初中语文综合性学习教学

一、综合性学习

　　"综合性学习"是现行初中语文教学中的一个新课题,它对学生积累语文知识和训练语文能力起着十分重要的作用。很多教师对于如何把握好这一课题深感棘手,有时在教学中往往是事倍功半,有时甚至徒劳无功。学者也曾经因此感到过迷茫,后来,经过不断地探索、实践和总结,才基本改变了过去那种束手无策的被动局面。学者认为:语文教师要想在综合性学习教学中取得实效,必须做好以下几个方面的工作。

(一)了解"综合性学习"特点的重要性

对于每个语文教师来说,"综合性学习"是一个全新而陌生的课题。我们对它就好比一个骑士对新买的一匹跑马一样,如果不对它的特点进行全面了解便匆忙"驾驭",自己劳心劳力不说,学生一旦厌倦便难以挽回。因此,在开展"综合性学习"教学之前了解它的特点对我们的教学显得十分重要。

"综合性学习"的关键在"综合性"三个字上,即该课题的教学内容、形式以及目标等都不是单一的。其特点主要表现在四个方面:一是语文知识的综合运用;二是听、说、读、写能力的整体发展;三是语文课程与其他课程的沟通;四是书本学习与实践活动的紧密结合。只有了解"综合性学习"的特点,我们才能在教学活动中找准切入点。

(二)认识"综合性学习"意义的必要性

有效开展综合性学习活动,对提高学生的语文综合素养有着积极的意义。

1. 有利于培养学生搜集资料、筛选信息、整理信息的能力。
2. 有利于培养学生的听、说、读、写能力。
3. 有利于培养学生自主、合作与探究能力。
4. 有利于培养学生策划、组织、协调和实施的能力。

认识了这些意义,我们才能更有针对性地确立学习活动的目标、重点、难点。

(三)教师开展好活动须掌控的重要环节

指导学生进行综合性学习,教师要清楚地知道自己在每个活动阶段应该做什么。基本原则是:教师精心设计学习情境,并组织协调;学生明确任务、开展活动。要根据主题确定活动目标。

目标是活动过程的指针,一般包括三维目标,其中提升写作与口语交际能力的目标尤为重要。教师必须认真分析每次活动的主题,正确确立活动目标。

二、语文综合性学习

语文综合性学习,是在新一轮的课改浪潮中出现的新鲜事物,该课程模式主要是针对当前语文教育过程中存在的注重知识传授忽视学生情感的培养和体验以及注重教师的一味指导而忽视学生自主性培养等一系列问题提出来的。该课程自提出以来,在课程编写者和语文教师的不断实践与探索下获得了很大的成功,也积累了很多有益的经验。尽管如此,语文综合性学习也存在不尽如人意的地方,这样那样问题的存在,严重阻碍了初中语文综合性学习的教学和学生们学习的步伐,降低了语文课程学习的效率。

(一)语文综合性学习的含义

语文综合性学习是指对语文知识的一种综合性运用。作为语文课程中最为核心的两个主体——写作和交际,发挥语文综合性学习的中介作用,便可以很好地将这两者结合起来,从而培养和提升学生的综合语文素养。同时,该课程可以使语文课程和其他课程达到一种有效、完美结合的状况,并将语文知识很好地融入学生们的日常生活,从而培养学生独特的情感体验,使学生获得全面发展。

(二)当前语文综合性学习存在的问题

外界的教育环境极大限制了语文综合性学习活动的正常进行。近些年来,虽然国家将语文综合性学习课程摆在了至关重要的位置,不可否认的是,一些教师对此表现出了极大的兴趣并且引起了他们极高的重视。但是现行的中考制度、高考制度,教师、学生、家长等面临的升学压力,又将语文综合性学习埋没在了正规的语文学科教学中。在这样的语文教学环境下,学生们自然会将学习的重心放在语文技能技巧的学习上,而忽视了语文综合性学习的正常进行和开展,这样不利于学生人格的完善、能力的培养和潜能的开发。

语文综合性学习课程利用具有狭窄性、活动安排具有单一性,由于语文综合性学习是一个新鲜事物,因此无论对于有经验的老教师,还是对于新教师来说,怎样利用课程、是完全依赖课程还是进行自我创新课程、怎样进行活动的安排都存在一定的疑惑。因此,一些语文教师仅仅依赖语文课本中提供的内容,从而将综合性学习上成了正规的语文课,课程很呆板,这也完全忽略了语文综合性学习的重要地位。另外,在综合性学习的活动安排上存在单一的缺点。由于语文教师被繁重的教学负担拖累着,在开展综合性学习时,便没有想办法采取新颖、灵活的方式进行,也没有迎合学生们好动、活泼的天性,单一呆板的教学方式使得学生们对此提不起多大的兴趣,从而也限制了该课程的创新。一些综合性学习的活动设计,没有结合学生的实际情况。在初中语文综合性学习活动的开展过程中,由于教师没有对该课程实施的难易程度进行一个标准的衡量,这导致了过难或过易情况的出现,严重影响了学生们学习的兴趣和积极性。

(三)针对学生在语文综合性学习中存在问题的具体解决对策

针对以上在综合性学习活动开展过程中存在的诸多问题,可以采取以下对策进行解决。

改善综合性学习教学环境,提高大家对它的重视程度。教学环境是从一个宏观层面进行论述的。教育界的相关部门和人士,应在社会上、学校中大力宣传综合性学习活动的益处,对于活动内容、如何选材以及如何具体开展,编拟一个指导性文件,作为语文教师开展这项活动的指路明灯。另外,可以组织开展一些大型的综合性学习活动以提高大家对它的重视程度,优化该课程的生存环境,从而使语文学科教学共同促进学生、教师语文素养的提升。拓宽视野,充分开发、利用语文综合性学习课程资源和合理安排多元化活动。当前教育部门编写的综合性学习课程只是作为一个指导文件,这样的文件不可能涵盖所有地区、所有学校所独有的特殊性,因此便需要教师在保证综合性学习活动开展大方向不变的同时,结合当地学校的实际情况,拓宽视野,进行综合性学习课程资源的合理开发与利用。学习的资源可以扩展到当地文化、民情风俗、社会现象等方面。例如,在《说不尽的桥》这一课程中,不应该仅局限于现存的历史,最古老的赵州桥、最具有历史转折意义的武汉长江大桥等,教师应结合当地所存的桥梁,带着学生们亲自到桥上看一看、摸一摸,从而引导出学生自己眼中的桥梁,激发出学生对家乡的热爱之情。

另外，在活动的安排上，不应仅局限在教室这一狭窄的空间去安排活动，可以通过走出去等方式进行，让学生们在现实生活中、大自然中领悟语文知识的魅力。例如，在讲《马的世界》时，可以组织学生到动物园实地对马进行观察，也可以组织开展关于马的成语接龙活动，还可以开展主题板报活动或有关马的故事的演讲比赛等，相信在多元的活动中，学生们会形成自己独特的体验。综合性学习的活动设计要结合学生们的实际情况，多角度、多方位综合考虑学生们的年龄特点、兴趣所在、学习情况等，设计出结合学生实际情况的、操作性强的、学生们感兴趣的活动。

在综合性学习开展过程中，教师应主动引导学生了解综合性学习的内容和特点，从而最终能够使学生自觉、主动地去学习。例如，在《古诗苑漫步》中，教师应该引导学生将自己曾经学习过的古诗分门别类，或根据诗中表达情感的不同、或根据诗中描写景物的不同作为分类标准，通过对诗的分类从而再一次体味诗人表达的感情，并进行深情朗诵借此以起到升华的作用。

针对当前初中语文在开展综合性学习活动中存在的问题，社会各方面都应该转变思想观念，从而提高对综合性学习的重视程度，另外还要针对活动开展过程中存在的教材的利用、活动的设计等问题采取具体的解决对策，从而促使综合性学习活动更有效地开展。

第四节 在语文活动中提升学生语文素养

语文是最重要的交际工具，无论是口头的还是书面的，都是在积极的语言实践中建构起来的。在实际教学中，我们要让学生在语文活动中学会体验、欣赏、评价、表现和创造美的能力和品质。使语文由课堂走向课外、走向生活，不仅拓展了学生眼界，增长了知识，提高了阅读欣赏的能力，同时也增强了实践能力，并逐渐学会运用口头语言和书面语言来表现美和创造美。

首先，开展课前读评活动，提高学生语文能力。为了提高学生听、说、读、写的能力，几年前，学者就开展了"我手写我心，我文抒我情"的课前读评活动。每天上课时学者根据单元作文训练要求及内容,给学生布置一篇练笔日记,内容只要源于生活,抒发真情实感即可,文章体裁不限,散文、诗歌、小说都可以,字数不限,形式不拘一格。学者和学生一起坚持写日记,做到课外练笔,课前读评。

如在讲朱德总司令写的散文《回忆我的母亲》一文时。为了激发学生参与活动的兴趣,上课时,学者就出了一个《我的妈妈》为作文题。题目一出,同学七嘴八舌地议论着,他们说对妈妈尽管很熟悉,但却不知道怎么去写。于是,学者一边指导他们回忆妈妈的情况,一边组织句子,在黑板上写了题为《一碗臊子面》的五百字左右的作文。学生觉得非常亲切,原来母亲亲手做的一碗面里盛满浓浓的爱意,一时间写作兴趣大增。当然还有个别学生写不出来,学者就让他们打开书再看课文《回忆我的母亲》,引导并启发他们如何抓住典型材料,来表现人物进而表达文章主题。在这之后"我手写我心,我文抒我情"的课前读评活动中,学者听到很多佳作,其中某同学的作文《我的妈妈》如下写道。

我来到这个世界已经有十多个年头了,在这风风雨雨中,我慢慢地成长着,感谢着妈妈对我的悉心照顾和辛勤付出。但是,妈妈,我还有许多心里话,想向您诉说,您想听吗?

自从小妹妹来到我们身边后,虽然给我们增添了许多欢笑,但是您却变了。每当吃饭的时候,您每次都往小妹妹碗里夹菜,看都不看我一眼;每当出去玩的时候,我和小妹妹感觉都很累时,您总是抱起小妹妹,我只能跟在后面,默默地走着;每当我和小妹妹争吵时,您总是劈头盖脸地把我臭骂一顿……每当想到这些时,我心里总有一种说不出的难受:妈妈,您难道不喜欢不爱我了吗?难道我是那么令人讨厌吗?为什么小妹妹在您的心里是块宝,而我在您的心中却是根草呢?

妈妈,您还记得那个下雪的晚上吗?雪花飘飘洒洒、纷纷扬扬,好像无数白色的精灵在天空中自由快乐地飞舞着。在这美好的夜晚,令人出乎意料的是家里突然停电了,暖气也慢慢地不热了,不一会儿房子变得好冷!我们草草地吃过晚饭,您便早早地抱着小妹妹睡觉去了。我便在烛光下凑合着做完作业。啊,终于可以上床睡觉了!

来到床前,我发现小妹妹在您的怀里睡得那么香,那么甜,嘴角还露出一丝笑容呢。我想:要是我也能像小妹妹一样睡在您的怀里,那该多好啊!于是,我悄悄地爬到床上,轻轻地掀开您的被子,正准备钻进去时,不料您却冷冷地说了一句:"你的手好冰啊,自己去睡吧!"并狠狠地蹬了我一脚。那一夜,我躲在自己的被窝里,伤心地哭了……

妈妈,我多么渴望能回到以前,躺在您的怀里尽情地撒娇。妈妈,我多么希望您能像爱小妹妹一样爱着我!

这篇文章贴近现实,情真意切,反映的问题让人深思。小作者写妈妈生了小妹妹后,在生活中对自己的忽略,小作者内心渴望重新回到母亲温暖的怀抱,感受久违的母爱。随着二胎时代的到来,大宝的感受不容忽视。此文在学者的指导下,还在《中学生作文》上发表。

由于老师和他们一起写作,一起诵读,一起评析,学生写作的兴趣空前高涨,"我手写我心,我文抒我情"的课前读评活动就此顺利开展起来。在每次活动中,学者都坚持写下水文,在学者的引导下,他们慢慢地学会了观察生活,学会了选材,走出了先前无话可说、无事可写的困境。一周下来,大家至少练笔五次,并且还有机会听、评别人的作品,这样一来既积累了写作素材又丰富了学生的作文信息,更重要的是培养了他们听、说、读、写的能力。"天道酬勤",几年下来,自己虽然付出了不少,但看到学生们的作文常在校报、省刊上发表,内心感到无比欣慰。正像田间忙碌的农民看到金黄麦浪翻滚时,便不觉得耕耘施肥之辛苦,而有一种满满的幸福浸透全身。

其次,在课堂上开展语文活动,培养学生创新精神。为了利用好课内的实践资源,教师必须处理好文本、教师与学生三者的关系,把握好教师指导和学生操练相结合的精密度,引导好与学生相融合的和谐度,让学生在课堂上一边学知识,一边参与课内实践,学有所用,学有所创。同时还要充分利用教材资源,积极发掘创新素材,激发学生的创新意识,培养学生的创新精神。

如诗词教学就有利于培养学生高尚美好的思想,激发他们的创新激情。教学杜甫的《月夜忆舍弟》一诗时,在学生熟读成诵和理解课文的基础上,组织学生开展"咏月"活动,让学生结合学过的有关描写月亮的诗文进行小组朗诵比赛。一时间,课堂上热闹非凡、精彩纷呈。有的小组能将舞蹈和朗诵相结合,有的小组能将绘画与朗诵相结合,有的小组能将书法与朗诵相结合,充分发挥小组每个成员的优点和长处,声情并茂,让人为之赞叹。之后,学者还启发学生进行想象创造,因为战乱,诗人与亲人天各一方,不能相见,在科技飞速发展的今天,如何弥补杜甫在中秋之夜不能与兄弟团聚的遗憾呢?同学们踊跃发言,想出了很多办法:坐高铁乘飞机、视频通话、穿越时空隧道等。这些都能让学生在教室内心游万仞、思接千载,施展他们的聪明才智,培养他们的创新精神。

最后,开展丰富多彩的语文课外活动,提高学生语文素养。学习和生活密切相关,教师要善于引导学生把语文学习和社会生活联系起来。让学生去亲身体验,用心灵去体会,在实践中锻炼他们的能力,提高他们的语文素养。为此,在课外学者组织学生开展了内容丰富多彩、形式生动多样的语文课外活动,如美文朗读、阅读竞赛、编演课本剧小品、开辩论会等,这些活动能使学生从单调的课堂中走出来,在各种活动中锻炼自己,完善自己。在信息高度发达的今天,手机已走进千家万户,成为人们最重要的通信工具,学者开展"手机应不应该进校园"辩论会,学生因此会自觉地关注身边手机泛滥的现象,并会认真地思考分析,形成自己对论题的见解,从而对手机利与弊也分得清清楚楚。这样学生观察问题、分析问题和解决问题的能力,以及语言组织、表达能力都得到了提高。针对部分学生作业书写潦草、不规范现象,学者开展了"写好方块汉字,做堂堂正正中国人"的每天课外十分钟练字活动,一段时间后收效甚好,培养了学生规范书写的习惯。

"读书破万卷,下笔如有神","厚积"才能"薄发",学生只有大量阅读,才能丰富知识,拓宽视野。但班里大多数同学来自农村,家中藏书不多。学者要求人人带一本好书,建立班级图书角,开展课外阅读竞赛活动,奖励那些用心读书的孩子。又创办了班级文学小刊物《春草》,刊登他们的小随笔和小佳作并配上插图,然后印发全校,让广大师生共同阅读欣赏。

走出校园,走向自然,走向社会,使生活和语文二者相互融合,引导学生关注人类、自然、环境。每年的重阳节学者都开展"爱老敬老,孝行天下"的活动,带着学生走进敬老院,为老爷爷老奶奶们洗一次脚,为他们表演小品和课本剧等,这让学生体验了生活,同时也促使了语文知识的迁移和能力的形成。让学生走进大自然,每年山花节到来时,学者常带领学生去春游,去感受家乡那"层层梯田绕云端,朵朵红花漫山间"的壮美,登上六盘山,与学生一起诵读毛主席的诗词"天高云淡,望断南飞雁,不到长城非好汉……"雄浑高昂的声音飘在山巅,飘向天际。在这里,学生既接受了爱国主义教育,放飞了身心,融入了自然,又实践了的审美力和探索力。这一系列课外活动的开展使语文由课堂走向课外、走向生活,不仅拓展了学生眼界,增长了知识,提高了阅读欣赏的能力,同时也增强了综合实践能力。

总之,不论是课前、课中还是课外,我们都要开展一些有益的活动,提高学生的听、说、读、写、做的能力,要让学生在语文活动中学会体验、欣赏、评价、表现和创造美的能力和品质,激发创新意识,培养创新精神,提高语文素养。

第五章 初中语文活动与思维能力培养

第一节 文化自信视域下文学社团的建设

《中国教育改革和发展纲要》明确指出：中小学要由"应试教育"转向全面提高国民素质的轨道。九年义务教育《初中语文教学大纲》指出："语文学科对于提高学生思想道德素质和科学文化素质，培养有理想、有道德、有文化、有纪律的社会主义公民具有重要的意义。""纲要"与"大纲"指出了教育和语文教学的目标，就是要实施素质教育。应该在抓好课堂这个实施素质教育的主渠道的同时，以文学社团建设为突破口，全面提高学生各种素质。

一、认清形势，达成共识

搞好学校文学社团建设，不失为一种激发学生兴趣，从而大面积提高语文素质的好途径。需要做的工作如下。

一是组织学习，转变观念。学习《纲要》《语文教学大纲》，学习党的教育方针和有关素质教育的文件；举办有关方面的业务讲座：培养典型，介绍这方面的经验……这样，广大教师终于转变了观念，认识到"语文课外活动和语文课堂教学是相辅相成的""课内语文学习和课外语文活动必须结合"。

二是激发兴趣，鼓励参与。以语文组为单位，开展多种活动来激发学生的兴趣，通过各种评比鼓励学生积极参与。

三是呼吁社会大力支持，使之明确文学社团的建设不是不务"正业"，而是启迪智慧、陶冶情操、拓宽知识的必不可少的"副业"。通过"家长委员会"的介绍、文艺小分队的街头演唱等形式向社会广泛宣传，以此来得到认可，达成共识。

二、全面规划,巧作安排

文学社团的建设,并非语文课堂教学,它无纲可照,无法可依,无本可循。要使社团建设不流于形式,真正落到素质教育的实处,必须全面规划,巧作安排。

(一)在活动原则上——内外结合,立足素质

1.把文学活动的社团建设纳入语文教学整体改革轨道,使之成为语文教学不可分割的重要组成部分。

2.依纲据本。按大纲和教材的内容,在语文教学计划中,分班、分年级编制出听、说、读、写全方位训练规划,分单元实施,使活动规范化、科学化、有序化。

3.强调学生为主体。在各种文学社团活动中,老师只是指导者,而各社团及社团成员才是真正的主动者。

(二)在活动组织上——健全制度,专人负责

加强社团的组织领导,建立健全切实可行的社团活动制度,是落实社团建设的可靠保证。首先可以建立学校社团活动领导小组,形成以语文组、少先队、团支部为主导,各社团小组为主体的校园活动网络;其次建立社团活动制度,统筹安排各类社团的活动内容,并排出活动时间,以此推动社团活动建设。然后建立切实可行的检查、考评制度。

(三)在活动形式上——生动活泼,多姿多彩

苏霍姆林斯基说过,学生周围的世界是生动思想的源泉,是取之不竭、用之不尽的宝库。教师应是教育环境的设计师。因此在活动内容和活动形式上,我们尽量做到精心设计,讲究生动活泼,多姿多彩。

可以设计的活动内容有"一站""二廊""三报""四刊""五会""六赛"等。"一站"就是全校设立一个广播站,每天播好"校园之声";"二廊"即"优秀习作长廊""语言知识长廊":每月办好"黑板报""墙报""手抄报"等三报;出好四期"校刊";"五会"分别是"故事会""演讲会""辩论会""朗诵会""采风报告

会";"六赛"即语言竞赛、作文竞赛、背诵竞赛、猜谜竞赛、书法竞赛、编演课本剧竞赛。

三、常抓不懈,争创佳绩

校园文学社团的建设,是一个比较复杂的系统工程,更是易被人忽略的"绿叶",但它又确实是提高学生素质的一条好途径。

(一)开阔了视野,激发了学生学习语文的兴趣

各社团小组成员通过组织户外观察、采访实习、演讲比赛、征文比赛等活动,极大地开阔了学生视野,使之从狭窄的课本走向了五彩缤纷、妙趣横生的大千世界,认识到生活和语文学习是紧密相连的。

(二)陶冶了情操,优化了校园文化建设的环境

文学社团的成员在各种活动中,提高了他们的审美能力,培养了他们崇高的审美情趣,使他们能够弘扬生活中的真善美,摈弃假丑恶,大大提高了道德修养和文学艺术水平,同时为校园文化建设提供了充足的"精神主餐"。

(三)开发了智力,促进了学生创造能力的发展

这些活动可以使很多语文成绩平平的学生的智力得到开拓,同时还能使学生的个性特长得到充分发挥,而且,语文素质的提高也会促进其他学科素质的提高,所以这个活动非常重要。

第二节 语文教学中学生思维品质的培养

一、注意知识归纳和延伸,培养学生思维的广阔性

所谓思维的广阔性,就是善于抓住问题的本质而又不忽略重要细节的能力。它并不是面面俱到,不分主次,搞繁琐哲学,而是抓住重点来考虑问题。语文教学中知识的归纳和延伸正是培养学生思维广阔性的好办法。如在讲授鲁迅《从百草园到三味书屋》的环境描写时,首先向学生交代清楚社会环境和自然环境这两个概念,然后可结合《故乡》和《藤野先生》等课文,归纳出

环境描写的五大作用:烘托气氛、显示心理、便于比衬、推动情节、深化主题。这就把零散的知识序列化了。很显然,这对学生的阅读和写作都有帮助。

二、注意对语言的分析和挖掘,培养学生思维的深刻性

语言是文章思想内容的物质外壳,要想把握文章的内涵,明了文章的特点,就必须要牢牢抓住文章的语言,抓住课文中的关键词语,迅速切入课文,并由此及彼,步步深入,把学生带入课文的深层,这是语文教学中一条行之有效的方法,也是培养学生思维深刻性的重要途径。心理学告诉我们:所谓思维的深刻性,就是善于对客观事物进行细致的分析、综合和比较,善于区别事物的次要方面和主要方面,善于透过事物的表面现象揭示事物隐藏的本质。在语文教学中紧紧抓住语言分析这一环节,便一定能提高学生思维的品位。

三、运用正确的教育哲理,培养学生思维的灵活性

思维的灵活性,指不固执于某一点,随着条件的变化而及时地重新思考问题和解决问题。

中学生需要学会顺向思维。顺向思维不但对知识的接受和理解有好处,也对学生的思想、品德、感情、个性等方面有良好的影响。但也要学会逆向思维,逆向思维能培养学生独立思考的能力。

同样道理,学生既要学会聚合思维,也要学会发散思维。学生的写作思维过程,实际上就是这两种思维的交替作用过程。先从聚合思维审题,明确能够写什么,不能够写什么;能够怎么写,不能怎么写。然后用发散思维选材,这一过程充满着联想和想象,在此基础上再用聚合思维确立中心。聚合和发散思维的交互使用,就完成了一篇作品的构思。一些学生害怕写作文,笔下涩滞,除了不善于观察,没有生活素材等原因外,不善于运用聚合和发散思维也是很重要的原因。

第三节 发散思维在语文教学中的培养和运用

　　一切创造性活动都是以创造性思维为前提的，创造性思维又包括发散思维和聚合思维两种形式。发散思维与创造力直接联系，是创造性思维的中心。要启发学生的创造性思维，就必须从过去片面地追求聚合思维转向发散思维方面的培养。

　　发散思维，就是以一个问题为中心，从各种不同角度或侧面进行深入思考，以求得大量新颖思维结果的一种思维方式。发散思维强调思维活动的灵活和知识的迁移，强调多解和求异，一般具有流畅性、变通性和独特性等特点。在教学中要充分利用这些特点，加强对学生发散思维能力的培养。

　　文章是客观事物在作者头脑中的反映，经过头脑反映出来的文章，必然带有主观感情的鲜明色彩。在观察同一事物的过程中，由于作者所处的历史环境不同，生活阅历不同，立场观点不同，加上思维方式不同，必须"仁者见仁，智者见智"。在教学中可以采用触类旁通、举一反三的方法来培养学生思维的变通性，让学生在"多解""多变""多思"中把握事物的本质，加深对知识的理解。如在教学《沁园春·雪》时，可以把毛泽东诗中所描绘的雪景与老舍的《济南的冬天》、鲁迅的《雪》中的句子进行比较，让学生思考为什么同是写雪，写出的景色有如此大的差异，从而让学生加深对课文主题的理解。

　　发散思维的创造性表现在它不为常规和教条所束缚，寻求新颖、独特，因此在语文阅读教学中要努力为学生创设探索的情境，充分发挥学生的主体作用，鼓励学生发表与同学、老师、名作家不同的观点，鼓励质疑，鼓励标新立异。在阅读课文培养学生发散思维的同时还可以让学生在课文的启发下，运用发散思维进行作文训练。

　　首先，运用发散思维进行作文立意的训练。在作文的审题立意时，有时尽管头脑里装着许多题材，却迟迟不能悟出新意，发出人所未发的独到见解，这时候就要恰当地运用发散思维，指导学生多角度地分析作文材料，挖掘不同的主题思想。在一堂作文课内，有时可以出一串作文题，要求学生当堂罗列出自己对每个题目的立意提纲,有时只出一道题,让学生分别写出几个不同的立意提纲,以加强学生的发散思维训练。

其次,在联想中触发、引导学生运用发散思维观察生活、捕捉作文的灵感。

俗话说"处处留心皆学问",生活的积累是学问的源泉,用心观察周围的客观事物,才能不断有所发现,培养出敏锐的观察力,捕捉到写作文的灵感。在作文教学中要注意引导学生在现实生活中通过联想分析、综合、比较,打开写作思路。如引导学生观察落叶,由落叶联想到像落叶一样无私奉献的人……再动笔写《落叶的联想》《落叶的启示》,学生就能有感而发,有话可说。

最后,在想象中熔铸。引导学生运用发散思维对原有意象进行熔铸,把平时生活的积累化为新的画面。写作是一种自觉的创造性活动,必须引导学生扩大社会接触面,采取直接或间接途径获取知识营养,激活创作欲望,借助想象,按一定方式组合成新的形象。在教学《雷电颂》时,可以让学生对"鼓动吧,风!咆哮吧,雷!闪耀吧,电!把一切沉睡在黑暗怀里的东西,毁灭,毁灭,毁灭呀!"这句话的内容进行想象,写出一篇短文。很多学生通过想象写出了生命的美好,在同学们的眼中大自然是美好的,环境的破坏就会给人类带来灾难,学生们会写出自己对于保护环境的一些措施,拓展了同学们对现实生活的观察和思考。

在教完一篇课文后老师可以给学生们布置一次迁移训练,让学生由此及彼,产生新的感知、新的意象,不断培养他们的发散思维,打开写作思路,打破思维定式,提高自己的写作水平,展示自己表达艺术的新风采。

第六章 高中语文教学管理概述

第一节 高中语文教学管理的理论基础

语文教学管理虽然是一个实践问题,但却有着深厚的理论基础。如果能依据相关的心理学、社会学、哲学、生态学理论进行管理,那么会使管理行为更为合理、有效。

一、语文教学管理的心理学基础

自冯特建立第一个心理实验室以来,心理学的发展为教育教学的科学化发展带来了积极的推动作用。在语文教学管理环节中也不例外,不少人从组织行为学或管理心理学的角度探讨了语文教学管理问题。把心理学作为课堂教学管理的理论基础,我们将更加关注课堂环境中师生心理现象及其规律,更加注意如何对课堂行为正确归因并做出合理的心理解释。[1]心理学的研究为语文教学管理确立了一种新的研究思路。心理学家桑代克在其《教育心理学》中确立了一种客观的研究精神,将课堂诸现象解释为刺激与反应的联结,以行为主义为代表的心理学对人的行为的关注这一理论研究范式的确立及其在课堂管理中的应用,使课堂管理在科学化的轨道上逐渐走向深入,并在以后的几十年中占据主导地位,成为课堂管理研究的主要理论来源。

在20世纪60年代,由于认知心理学和人本主义心理学在教育理论及教育改革中优势地位的获得,语文教学管理理论产生了一种新的范式的转换,

---

[1] 陈丽霞. 心理学技术在课堂管理中的应用[J]. 中小学心理健康教育,2016(22):3.

如认知心理学强调从对人的认知分析入手,试图使学生了解语文教学管理的一般规范,理解教师课堂教学管理行为的原因与方法,从而使学生形成自觉的课堂行为,并由认知逐渐形成积极的师生关系,维持与促进课堂秩序,如向学生说明行为的目标,使学生明了其行为与结果之间的逻辑联系,进而产生教师所期望的行为;而人本主义心理学则从学生的需要、潜能的分析入手,对人的行为产生的原因和发生机制进行研究,进而将这种研究运用于课堂,如格拉瑟(Glasser)的现实疗法就强调将课堂建设成一种积极的、富有启迪的教育环境,教师应向学生提供最好的机会去发掘隶属感、成就感和积极的自我认同。心理学的研究范式与研究思路也为课堂管理提供了方法论指导,使课堂管理有了自己的基本理论和研究范式。

既然心理学是语文教学管理的主要理论依据之一,课堂教学过程中的心理过程、心理特征及课堂中特有的心理结构必然成为课堂管理首要的研究范畴。教学活动包括人的智力因素和情感、意志、行为、个性倾向性(需要、动机、兴趣、理想等)和个性特点(性格、气质等)等非智力因素的参与,忽视非智力因素或者忽视智力因素都是片面的,都将影响语文教学管理的操作,甚至严重影响课堂教学质量。就学生而言,课堂教学是对其进行知识传授,形成一定的情感、态度和价值观的最主要的活动。因而在语文教学管理中需要同时注意学生的智力因素与非智力因素,从学生思想品质、学习热情、学习态度和学习风格等多方面形成学生的完美人格。

就教师而言,教师所掌握的专业知识、能力结构是课堂教学顺利开展的必要条件,然而心理学研究表明,知识、智力因素超过一定的水平后就不再起显著作用,而其他非智力因素开始对教学效果起着决定性作用,在课堂管理中学生对教师的信任和教师自身的威信更多地来源于非智力因素。按照心理学对非智力因素的分类,一般包括情感发展水平,如倾向性、深刻性、表达性、自控性等;意志发展水平,如独立性、自觉性、自制力、持久性等;个性倾向性,如需要、动机、价值观、兴趣、理想等;个性特征如性格、气质、习惯等。就家长而言,家长对子女的抚养方式、家长的个性心理特征对学生在课堂中的表现都会产生影响,家长属于校外群体,家长的帮助在课堂教学管理中能起到辅助性的作用。在语文教学管理的过程中最重要的一环是师生彼此的对话与交往,并通过交往达到师生互动。有研究者认为,师生在教育过程中的交往结构是由相互合作、信息交流、相互认识三个主要侧面和个性、角色、群体三个主要层面构成的"三侧面、三层面的三棱柱体"的心理交往模型;语文教学管理的实质就是在各个层面上展开师生交往,且为实现这些交往而建构合适的条件以促成这种教学交往。

二、语文教学管理的社会学基础

从社会角度看,课堂是一种特殊的社会系统,是一个微型社会,是社会大系统中具有特殊功能的一个小系统。在这个系统中,教师、学生和环境之间不断发生作用,常常也会产生不可回避的矛盾和冲突。社会学的原理与研究对于语文教学管理的启示是很有借鉴价值的。因为课堂亦是一个微型社会,教师与学生在其间彼此共生与互动。这一互动不仅促成了多种多样的课堂景观,而且使课堂呈现出复杂的社会特征。

(一)功能主义理论

功能主义特别强调社会结构中的每一部分对于社会整体生存所发挥的作用,认为社会的组成及其生存方式同生物体非常类似。此外,功能主义认为,每一个社会都有共同的文化,这是一种社会成员共享的价值或伦理准则。只有当社会成员之间具有共同的认识、共同的态度和共同的价值观,才能减少社会的冲突,社会才能维持其稳定和谐,才能发展。对于教育而言,就是要使个体社会化,培养人们具有共同的信念、共同的态度和统一的价值标准,使社会的共同价值内化于个体之中,促使社会成员对不断变化的社会在思想、态度方面能保持和谐一致。

功能主义对于课堂管理的启示在于:首先,教师在课堂管理中要注重课堂中的文化建设,建构共同的信念与价值系统,使课堂成为一个和谐的共同体。为此,教师要有意识地在学生中培植理想与努力方向,建立起明确的目标和共享的价值体系,并对学生如何获取这些价值体系给予足够的关注,对价值系统做持续不断的研究。教师还要善于在宏观背景下组织学生行动,并注重培养行动过程中畅通的交流渠道,通过交流让师生分享活动过程中的经验。这样不仅能够传达课堂中发生的事情,还有助于认识各自的角色及其关系,并最终了解团体的意义,使课堂中的所有成员形成共同的认识与信念。有了这一和谐的共同体,就能减少或避免课堂中的冲突与混乱,形成课堂中的内聚,促进课堂教学的顺利进行;其次,课堂亦是一个微型社会系统,包含着物理的、认识的、社会的、情感的等多种因素,这些因素都处于整个系统内复杂相连的各个环节中,任何一种因素的变化都将对整个系统产生影响。同时,其功能的发挥取决于这一系统结构的整体优化。因此,教师在课堂教学管理的过程中,就要对课堂教学环境进行积极的改造,对各种因素加以调适和整合,使课堂中各种因素结合成一个统一的整体,并达成协调一致,从而使课堂系统达到平衡。

(二)冲突理论

冲突理论兴起于20世纪60年代。它不像功能主义那样坚持现状、强调和谐,而是把研究重点放在冲突斗争的社会历程上及社会的不和谐、不平衡状态。

冲突理论认为,每一个社会的每一个方面都在变化,社会变化是普遍存在的。社会在变化过程中,每时每刻都会出现分歧和冲突,社会冲突亦是普遍存在的,冲突是社会生活中一种自然的和不可避免的现象。同时,冲突并不是统一和秩序的对立面。即使在高度凝聚的社会关系中也存在着潜在的紧张和间发性的冲突,冲突和统一都是正常的形式,是互动形式的不同方面。正是社会结构中大的矛盾和冲突,才导致社会结构的不断变迁。冲突理论还注意到了社会关系中的强制性,认为秩序产生于一部分人对另一部分人的统治和支配,是强者对弱者、富者对穷者施以暴力或强制的结果,而不是他们之间的自然合作。华勒甚至把学校描绘成一种强制性的机构,认为教育就是一种驯服,教师高居于学生之上,由成人社会授予权威,而学生只能顺从权威,接受领导。师生关系是一种制度化的"支配与从属""统治与被统治"的关系,他们之间经常有一种希望与欲求的冲突,即教师希望把学生当作一种材料来塑造,按照自己的意愿来培养学生;而学生则欲求依照自己的方式自动地求知。因此,教师为了维持纪律以增进学习效率,就要采取适当的控制方法,如命令、训斥、惩罚、监督等,对学生严加管教。正是这种强制关系,才使课堂中的秩序得以平衡。

(三)管理互动理论

管理互动理论是20世纪70年代后兴起的一种注重对具体情况进行解释性分析的社会学理论。它强调对现实本身的剖析,并重视探讨日常现实的过程和存在于这一过程中的主观目的性与交互作用。这一理论认为人既是行动者,又是反应者,人对外界环境做出反应,不只是物理性的,而更多的是通过语言、手势、表情等这些表达思想的方式做出反应的。对于学校或者课堂而言,它们也都是由一个表达一定的社会意义的各种管理所组成的管理环境,学校生活或课堂生活的过程实际上是教师与学生之间以管理为媒介的社会互动过程。在这一过程中,学生了解和解释周围的环境,从而发展自我。

三、语文教学管理的哲学基础

(一)存在主义哲学

存在主义强调世界万物的存在只有一个基础,那就是人的存在。先有了人的存在,然后才有了对外界事物的说明和解释。人的本质不是预先给定的,而是偶然的,是人通过自己选择而创造的。也就是说,人首先存在着,然后通过自由选择去决定自己的本质。每一个人都在他独特的存在与"有"中自我设计、自我创造,自己规定着自我。对于教育而言,人是教育的主体,教育者应该为学生创设一种生存环境,激发学生的生存意识,帮助学生认识"人的存在",真正领会生活的价值,投入到有意义的生存中去,并实现"自我完成"。

存在主义在强调"个人的自由选择"的同时,认为这种自由只是个人的自由选择,即个人对自己所做的一切负责。因为人的存在是由他的行动构成的,人的本质取决于他的行动意志的独特性。每一个人都有充分的行动和意志的自由,但每一个人都必须对自己的行动承担责任。对于教育而言,教育者应该允许学生"自由选择",同时也要求学生承受自己行动的后果。教育的任务并不是要学生去接受一些永恒的法则,而是使学生学习有利于认识自我和发展自我的原则,并使他们在自我发展中学会对自己的选择负责。

此外,存在主义在人与人的关系问题上,强调"我与你"是主体对主体的关系。对于教育而言,教育应该把学生当作一个独立自主和自由发展的人而不是物来看待,应该与学生进行主体与主体间的"对话",通过"对话"把知识"提供"给学生而非传授给学生。教师还必须通过自己真诚和负责的态度激励学生,建立民主平等和互相支持的师生关系。

存在主义对于课堂管理的启示在于:首先,教师应为学生创设一种让学生"自我完成"的课堂环境,更多地赋予学生富有弹性与变化的空间,提供学生建构课堂生活意义的自由,而不应事先对课堂及其意义给予虚构或自行设定。其次,教师要为学生的自由选择提供机会和条件,鼓励学生思考,允许学生尽可能地自我表现和自我选择。教师还要培养学生的责任意识和负责的态度,引导学生对自己的选择及行为负责。最后,教师要破除"个人专制",创造一种民主和谐的课堂气氛,以一种创造者和激励者的角色进行"生产性"而非"复制性"的课堂管理,使课堂成为对话或交流的互动场所,而不是主体对客体的指挥控制,更不是教师把自己的价值观念和行为准则强加给学生或者迫使学生服从。

(二)结构主义思想

首先,结构主义强调,世界是由各种"关系"、而不是由各种"事物"所组成的。事物脱离了关系就变得没有意义。结构就是"一种关系的组合",整体对于它的部分具有优先的重要性,只有通过对于对象各部分之间的关系进行研究,才能适当地解释整体和部分。对于教育而言,就是要树立整体的观念,以一种"找出事物之间有意义的联系的方式去理解"。

其次,结构主义认为,结构具有"整体性、转换性和自动调整性","是由具有整体性的若干转换规律组成的一个有自身调整性质的图式体系"。整体性说明结构有其组成规律、程序和过程;转换性说明结构是一个变动的体系,它遵循一定的转换规则;自动调整性说明结构有运动变化的能力,在结构执行转换程序时具有自身的调节机制,而不会违反结构变化的法则和规律。

结构主义对于课堂管理的启示在于:首先,教师要把握课堂的整体结构,对于课堂中发生的事情,要从课堂各事件之间的关系中去考察,而不能武断地就事论事。同时,也要考虑对于某一事件的处理将对整体所产生的影响和带来的变化;其次,教师要树立课堂的自组织观念。一个好的课堂是具有自组织的,具有自动变化的能力,而不需要教师时常维护与管束,正是这一自组织能力促进课堂的不断完善与不断延伸,因此,教师应在整体性原则指导下,促进课堂随其关系的变化而不断转换,使课堂成为一个具有高度创造性的、高度交互的组织系统,并最终促成课堂的自组织。

(三)后现代主义思潮

后现代主义是20世纪后半叶流行的一种世界性的哲学、文化思潮。20世纪60年代的西方资本主义社会由于科技和理性的极端发展,导致了两次世界大战的爆发,使人们承受着物质和精神双重的创伤;而工业文明的发展又带来了政治经济矛盾的加剧,人们的生存状态更加恶化:现代化对自然环境的破坏愈演愈烈,严重威胁着人们生存的自然家园。在失去了赖以生存的精神家园、自然家园之后,开始反思资本主义的危机和困惑,开始批判资本主义及其所信奉的意识形态。

后现代主义就是在对资本主义社会现实的批判和反思,以及对西方现代主义的片面化、极端化的思维方式的质疑和反叛中产生的。现代主义的核心是人道主义和理性主义,它提倡人道,反对神道;提倡理性,主张用理性战胜一切,衡量一切。它相信社会历史的进步和发展,相信人性和道德的不断改良和完善,相信人类将从压迫走向解放,而实现这一切的基础和力量就是理性。现代主义在推翻宗教神学和封建阶级,帮助资产阶级登上历史舞台,实现西方社会的工业文明和现代化等方面是功不可没的,但是,就是在实现工业文明和现代化的过程中,现代主义走向了极端,进而走向了其反面:理性变成纯粹的工具理性或科技理性,人道和人权服从于工具理性,人成为工具理性的奴隶。后现代主义是一股源自现代主义但又反叛现代主义的思潮,它和现代主义之间是一种既继承又反叛的关系。同时,后现代主义也源于工业文明,是对工业文明的负面效应的思考与回答,是对现代化过程中出现的剥夺人的主体性、感觉丰富性、整体性、同一性等的批判与解构,也是对西方传统哲学的本质主义、基础主义、"逻各斯中心主义"等的批判与解构,因而,是对西方传统哲学和西方现代社会的反叛与纠正。

从后现代主义思潮得到的启示是:首先,课堂教学中也存在着矛盾和冲突,这些矛盾和冲突常常因课堂成员相互间的不理解和难于交往或难于"对话"变得更加复杂。课堂管理就是要在课堂中建立一种自由开放的沟通网络,营造一种"话语"氛围,寻求课堂成员间不受威胁的合理交往与心灵对话,而不是动不动就下命令指使对方。通过对话和交往使师生间获得共同的价值观,通过理解达成交流的认同和普遍的共识,从而构筑课堂中和谐的"新理性"图景。其次,纪律不是由教师从外部强加,更不是把所有的主体划归单一统整的大众,而是通过学生的自我监督来维持。此外,后现代主义为如何确定教师在课堂中的角色及权威提供了反思。它要求教师从外在的权威转化为内在的权威,从单一的供给转向情景共存。语文教学管理更多的是让学生得到解放而不是得到限制。

四、语文教学管理的生态学基础

课堂是一个特殊的生态系统,同样也是由生产者、消费者和分解者之间相互作用,通过食物(知识、情感、态度、价值观)关系构成食物链和食物网,它们之间及它们与环境之间进行物质循环、能量流动和信息传递,以维持生态系统的稳定和繁荣。也就是说,持续不断的物质循环、能量流动和信息传递是一个生态系统长期生存和发展的基础,它自然也是系统管理的主要内容。在课堂生态系统内部,各种生态因素相互作用、相互影响,不断进行着物质的流动、信息和情感的交流,在不断地输入和输出的过程中,通过不断协调实现系统在时间、空间与功能上的有序和稳定,最终实现它基本的内在功能——育人功能。

语文教学管理创新的目的是实现课堂生态系统的自主管理,通过促进和维持课堂生态,发挥生态系统的基础性功能。

其一,生态系统的物质循环。在自然生态系统内部,由生产者、消费者和分解者(还原者)构成生态系统的生物成分,其物质循环即组成生物体的基本元素在生态系统内部的生物与生物之间、生物与环境之间形成反复的循环运动。

课堂生态系统的物质流动指的是课堂环境中自然物质因素在课堂生态内的流动,它发生在课堂环境与生态主体之间以及生态主体与主体之间,包括教师与环境之间、学生与环境之间、教师与学生之间以及学生与学生之间等几个方面。这些自然物质因素主要指自然物理因素和设施设备因素。物理因素固然是课堂生态的重要环境因素,但它是相对稳定的。而我们更多关注的是师生在教学活动中使用的教具、学具、仪器设备、图书资料和教学媒体等设施因素。因为这些物质因素是知识信息的载体,它在教学活动中发生流动,从而实现课堂生态系统内的物质循环。课堂生态系统内的物质流动绝不是机械的,也不是自然发生的,它是建立在师生关系平等和生生合作的基础之上的。只有课堂生态内的各种环境因素得以优化,学生个人空间适宜而又能充分合作,班风正、学风浓,师生关系融洽,生生关系和谐,课堂气氛活跃,学生保持旺盛的精力和浓厚的学习兴趣,课堂生态系统内物质的流动渠道才会更畅通,作用才能得以充分发挥,课堂教学的效果才会更好。

其二,信息交流是课堂生态中的必要因素。课堂是进行信息交流的主要场所,在课堂教学过程中,这种信息的交流不断发生在师生之间、生生之间以及师生与环境之间。教师在课堂教学的各个环节中,通过借助各种教学仪器等,伴随着有声无声的语言的形式,无时无刻不在给学生传递着知识信息;学生之间通过合作性互动,在不断地讨论、沟通、对话、应答、评价与帮助中,使个人对知识的理解更加丰富和全面;同时,学生的学习并不是简单机械地被动接收,而是一个积极探索、主动获取知识信息的过程,他们与课堂环境之间也不断地进行着信息的交流,通过这种交流,学生知识变得丰富,智力得以发展,能力得以培养。

其三,情感互动是课堂生态必须发挥的又一功能。所谓课堂生态内的情感交流,即课堂教学过程中各生态因子特别是师生和生生之间的情感沟通过程。在课堂教学活动中,教师、学生和课堂环境是教学中情感现象的三个源点,当课堂教学活动开始的时候,这些情感因素便在教学情境中被激活了,并以情感信息的形式,伴随着认知信息的传递、人际情感的交流,在课堂生态内部的各种生态因素之间发生流动,从而形成情感交流的良性循环的动态网络。课堂上教师的微笑、叹息、幽默、语调、语速等无不带有强烈的感情色彩。教师情绪良好,精神振奋,热情洋溢,通过这种情绪的感染作用,学生就显得轻松愉快,积极地参与课堂教学过程。相反,学生就会产生无所适从的压抑感、危机感和不满情绪。同时,学生学习积极性高,课堂气氛活跃,对教师的教学行为也有明显的影响,它可以促进教师更好地组织教学内容和调整教学方法,从而加快和提升教学的进度和效果。另外,学生之间也通过讨论、交往以及回答问题不断地相互影响,时时刻刻地进行着情感的交流。学生健康情感的培养既是我们教学的有利条件,更是我们教学的重要目标。

重视学生的认知过程,忽视学生的情感生活,正是传统课堂的最大弊端。注重和加强课堂生态的情感交流,让课堂充满着关爱和友谊、自由和民主、理解赏识和尊重信任,建立融洽和谐的师生关系、生生关系,形成团结奋进、积极向上的课堂气氛,通过感染和熏陶,学生就能形成积极的人生态度,获得丰富的情感体验,思想道德和情操水平也得以提升。

第二节 高中语文教学管理的基本原则

课堂教学管理有其内在的机制与规律,要有效实现语文教学管理的目标,就必须遵循课堂教学管理的原则。语文教学管理原则不仅与课堂教学管理目标有关,而且与课堂系统的特征直接相关。

一、目标原则

语文教学管理应当有正确而明晰的目标,它为教学目标的实现提供保证,最终指向教学目标。

为了有效地贯彻目标原则,教师在课堂上应当运用恰当的方式,使全体同学明了每堂课的教学目标,让师生双方都能明确共同努力和前进的方向。目标本身具有管理功能,直接影响和制约师生的课堂活动,为课堂活动起积极的导向作用。并且,目标使学生成为积极的管理者和参与者,这对于发挥学生自觉的求知热情,增强学生自我管理能力,也具有积极意义。

作为课堂管理者的教师,课堂上所实施的一切管理措施,包括组织、协调、激励、评价等,都应当努力服务于设定的教学目标:语文教学管理的成败得失,也应当以教学目标的实现作为衡量的依据。有的教师忽视教学目标对语文教学管理的制约作用,片面追求语文教学管理的表面现象,如过分强调安静的气氛,一律的坐姿、划一的行为等,而当这些管理要求脱离了教学目标之后,却可能成为限制学生学习个性、抑制思维的不良影响因素。实际上教师在课堂教学管理中主动激发师生之间、同学之间的各种内外"冲突",如分歧、争论等,不仅不会影响课堂教学的成功进行,而且会促成教学目标的实现。因此,我们只有在目标原则的指导下,才能避免课堂教学管理的形式主义,创造出真正优化的语文教学管理。

二、系统性原则

课堂系统是由内在联系的特定要素构成的有机统一的整体。把课堂视为一个系统,其构成因素是较为复杂的,既有物质的,也有非物质的即精神或是心理上的;既有有形的,也有无形的。这样一个多因素构成的系统,只有在各因素协调一致时,课堂才会产生根本作用。因此,教师作为课堂教学的管理者,应具备全局的观念,从整体出发对课堂系统的各个方面进行规划与调整,以便把各种因素有机地协调在一起,发挥更有效的功能。出现课堂问题时,要从课堂的整体来分析与把握,从问题与环境、时间、空间与场合,得与失、利与害,个人与集体,社会、历史、现实与未来,自我与非我等多方面的关系中形成一个全面而正确的认识。

三、自组织原则

自组织现象,是指自然或客观事物本身自主地组织化、有序化的过程。对于自组织的认识需要我们一开始就假定教师、学生、课程和材料一道进入的是一个全新的场景。对教师来说,语文教学管理的目标是通过什么样的方法使学生能养成自我管理的好习惯,教师并不是在"转让"知识或技巧给学生,而是努力想让学生进入自己的世界,让自己进入学生的世界,因而和学生共享一个世界。

课堂的进展过程实际上就是在寻求新的信息,不断尝试与创造进行有意义的对话,不断实现新的连接的过程。这种过程本身是自然发展着的。但在传统的语文教学管理中,教师常常根据自己的判断试图给课堂加上一些人为的框架,但课堂并不能很好地与之对应,而必须经常加以限制直至他能管理这些框架,因而在课堂教学管理中容易出现单向的专断性控制。在这种情况下,教师实际上是很难对课堂本身进行管理的。有人说:"课堂是一个组织系统的外在现象,它并不能被'管理',只是在积极的建构下得到发展。"课堂作为一个开放的系统将由于对自组织的充分重视或自组织作用的充分发挥而趋向自我完善。

四、内在性原则

人们总是习惯从外显的、教师对课堂管理的外在行为上去看待课堂教学管理,而忽略了学生的内在管理作用。实际上,公正有效的语文教学管理是学生自我学习的管理,教师起着一个引导者的作用,激发与促进学生进行自我学习管理。内在管理原则强调学生积极主动地参与,在参与过程中形成自主意识和责任感,从而激发其主动和创造精神。内在管理不仅能提高课堂教学管理的效益,而且能发挥学生的聪明才智,有利于他们的成长和发展。老师的外在管理容易抑制课堂系统中各要素的自主性和灵活性,因而不可避免地要同系统内、外各种情况的不断变化相冲突。如果学生感到自己只是老师意图的执行者,这种消极被动的地位,只会造成像石磨一样的一推一动,使课堂缺乏内在的活力。语文教学管理要为学生的主体性和积极性的发挥规划目标,提供条件,激发和引导其内在动力,实现内在控制,这是现代教学条件下课堂管理的一个重大变革。

五、动态性原则

语文教学管理并不是在既定框架下的静态管理过程,而是动态的、不断发展变化的过程。因此,要用变化的眼光看待课堂问题,以发展的视角进行课堂管理。对于课堂中的问题,要进行动态的考察。所有的存在都有其变动的流程。现行的状况虽然与过去有着逻辑关联,并对未来产生一定程度的影响,但它主要是对现在的反映,不能说明未来的必然状态。课堂环境时时都在变迁,课堂成员时时都在发展,影响课堂的因素总处于变化之中。因而,要从发展的角度看待课堂中的问题、冲突与矛盾,要从变化的视角认识课堂的进展、停滞与挫折。坚信学生具有潜在发展的可能,是可以获得完整发展的。当一切问题皆处于动态的审视之中,才能有效实施课堂教学管理。

六、激励原则

激励原则就是在语文教学管理时,通过各种有效手段,最大限度地激发起学生内在的学习积极性和求知热情。贯彻激励原则,首先要求教师在课堂上努力创造和谐的教学气氛,创造有利于学生思考、有利于教学顺利进行的民主氛围,而不是把学生课堂上的紧张与畏缩看作是教师管理能力强的表现。

语文教学管理的任务之一是培养良好的课堂集体和学生课堂行为,但这并不是一蹴而就的事情,需要长期培育,而最好的方法就是通过不断鼓励,激励学生进步,满足学生的心理需求,营造积极向上的课堂气氛。为此,在语文教学管理中,首先,教师要鼓励和提倡积极的个人行为,如刻苦学习、遵守课堂纪律、尊敬师长、互帮互助、不耻下问等。对在这些方面有突出表现的学生应及时给予表扬,因为教师的表扬是对学生行为的肯定,这样,学生就会受到鼓舞,大大地增强信心;其次,教师要用发展的眼光对待每一位学生。现代心理学告诉我们,学生是发展中的人,其生理、心理、知识、能力、自律等都处在发展之中,处于不成熟、不完善的状态,每个学生不论其目前的状况如何,都存在着发展的潜能。教育的责任就在于使学生的潜在可能性向现实可能性发展。因此,教师应该时刻用发展的眼光期待学生,尤其是曾有课堂不良行为的学生,要充分相信他们经过教育培养都能成人成才。教师要随时关注学生积极的变化,细心发现学生在原有基础上的每一点进步,不失时机地给予赞赏,让每个学生都有成功的喜悦,都有管理其能力的成功体验。最后,对学生的不良课堂行为一要宽容,二要正确引导,促使其自我克服、自我矫正、自我完善。现代课堂管理理论研究表明,教师对课堂的最大影响就是对学生发展的激励。激励是有效语文教学管理的核心。

七、反馈原则

运用信息反馈原理,对课堂管理进行主动而自觉的调节和修正,是反馈原则的基本思想。语文教学管理的具体要求和措施只有建立在班级学生思想与学习特点的基础上,才能具有针对性和有效性。这首先要求教师在教学工作的起始环节——备课过程中,认真调研教育对象的具体情况,分析研究必要的管理对策。我们发现在一般的备课过程中,对语文教学管理的设计是被普遍忽视的,致使作为必须参与教学过程的课堂管理缺乏明确的意识导向,甚至影响教学进程或削弱教学效果。

语文教学管理的反馈原则,还要求教师在课堂教学的过程中,不断运用及时信息来调整管理活动。由于课堂教学是在特定的时空内,面对着的是几十个活生生的学生,这是一个多因素彼此影响和制约的复杂动态过程,可能出现各种偶发情况。因此,教师应不断分析把握教学目标与课堂教学管理现状之间存在的偏差,运用自己的教学机制,因势利导,确定课堂管理的各种新指令,作用于全班同学,善于在变化的教学过程中寻求优化的管理对策,而不应拘泥于一成不变的管理方案。

第七章 高中语文主题单元教学研究

第一节 高中语文主题单元比较分析及教学

主题单元教学可以使教学目标更加明确,能够促进教师转变教学理念和改进教学方法,真正做到以学生为本,提高学生语文学习的成就感,节约课时,打造高效课堂。这是一种新式的行之有效的教学方式。但从目前掌握的资料来看,主题单元教学大多是在义务教育阶段进行的,而且也多停留在实践层面。高中阶段的语文主题单元教学研究还是一个较新的课题,教师们大多还在进行传统的单篇教学。即使有教师进行主题单元教学,也多是在进行单纯的语文教学内容的整合,缺乏系统性的认知。很显然,现在的高中语文教师需要必要的理论指导。系统思维是以系统论为思维基本模式的思维形态,是人类的一种较高级的思维方式。它是把认识对象作为系统,从系统和要素、要素和要素、系统和环境的相互联系、相互作用中综合地考查认识对象的一种思维方法。但是,到目前为止,还没有人进行系统思维视角下的高中语文主题单元教学研究。

一、主题单元教学在高中语文教学中的必要性

在系统思维的理论指导下,在高中语文教学中进行"主题单元教学"是现阶段高中语文教学的需要,也是语文素质教育的需要。主题单元教学是围绕某一主题开展的一系列学习活动的集合。围绕某个预设主题,进行一个单元的教学设计。主题单元教学突破了传统语文教学的旧框架、旧模式,从高中语文教学实际出发,从系统思维的视角来审视高中语文教学。用系统论来建立单元教学的整体观,主题单元教学不再停留在一篇课文的挖掘上,其着眼点是"单元"。与单篇备课、教学相比,其更具有思维的整体性、综合性。主题单元教学课程资源的整合与生成,突破了以往教科书结构体系的封闭性,围绕某一主题进行文本拓展,课内向课外延伸,有利于学生开阔视野,丰富学生的知识面。同时,主题单元教学可以更好地将阅读教学与写作教学结合在一起,从而实现语文学习的高效率。

二、主题单元教学的系统观念

(一)主题单元教学的系统要素

冯·贝塔朗菲认为,系统是"相互关联的元素的集合"。系统的要素就是组成系统的各个元素、部分。教学系统的基本要素有哪些?学术界一直没有一个统一的认识,比较有代表性的观点有三要素说、四要素说、五要素说、六要素说、七要素说等。之所以没有定论,是因为大家研究的视角不同。但有一点是一致的,那就是研究者们都将教学看作是一个有机的系统,而且都认为教师、学生和教学内容是构成教学系统的必需要素。

作为教学系统中的一个子系统,主题单元教学同样也具备着教学系统的主要要素。同时,还拥有主题单元教学这一子系统不同于其他子系统所特有的要素,即主题、单元、专题、情境、资源等。这些要素既是主题单元教学系统的要素,又是一个完整的、相对独立的子系统。各要素之间相互联系、相互作用,同时又和外部环境发生紧密联系。

(二)主题单元教学的系统属性

高中语文主题单元教学在教学实践中有着明显的系统特性,它同样具备着系统观念的重要组成部分:整体性、层次性、相关性、有序性和环境适应性。

1.主题单元教学的整体性。系统具有其部分在孤立状态下所没有的整体特性,"整体大于部分之和"。在语文教学中,教师必须关注语文教学这个系统中的各个要素。偏废任何一个要素,都可能导致语文教学的低效乃至失败。

传统的语文教学,将语文肢解成识字、解词、释句、分段、背诵等方面,一篇篇文质优美的课文,被肢解成独立的词语、句子、段落。为了应试,教师把教学内容题目化、答案要点规范化。学完一篇课文,学生只是被动地注入了一些零散的知识点,根本无法理解文本整体的艺术美。有的语文教学只顾一点,而忽略其他。比如,在学习贾平凹的《我不是一个好儿子》时,有的教师架空文本,忽略贾平凹是如何选材,是怎样将对母亲的感情传达出来的,而是让学生整堂课都在交流亲情故事。学生语文素养的形成与发展是语文教学的根本目标。要想实现这一目标,就要提升学生语言文字的理解和运用能力。只注重教育学生要懂得珍惜亲情而忽略了语文教学的使命,这样的课堂并不是好的语文课堂。另外,传统语文教学中读写分离、课内阅读与课外阅读分离是语文教学急需解决的问题。

　　运用系统思维中的整体性原理,主题单元教学将语文教学作为一个整体,关注语文教学中的各个要素,从宏观上把握教学目标和任务,整合教材中的文本和课外阅读文本,整合教学、活动、练习,整合课内资源与可链接的、丰富的课外课程资源。如果教师能正确运用整体性原理设计有序的教学步骤,那么就可以帮助学生整体把握语文知识,提升语文素养。

　　2. 主题单元教学的层次性。所有的系统都是一个独立的、属于大系统内部的完整的子系统。每个系统都具有自己的子系统,而子系统又有它的构成要素;构成系统的要素本身也是一个系统,如此形成了系统的层次性。

　　现行基础教育语文课程系统包含义务教育和高中教育两大子系统。把语文教学系统看作一个大系统,高中语文教学就是它的一个子系统,而在高中语文教学系统的下面又有若干子系统,高中语文主题单元教学就是其中之一。而且,高中语文主题单元教学也是一个层次性分明的系统。每个主题单元系统包括若干个专题,每个专题又包含若干个问题,每个问题又是由若干要素组成的。所以,主题单元教学是一个独立的、完整的系统,同时它又属于语文教学系统中的一个子系统。这就是主题单元教学的层次性。

　　3. 主题单元教学的相关性。系统内部的各个要素之间是有机关联的,同时系统同外部环境之间产生物质的、能量的、信息的交换。构成教学系统的教材、教学方法、教学模式、教师和学生等各要素之间是相互作用、有机关联的。而语文教学系统和它的外部环境之间也是有机关联的。具体到主题单元教学,它的相关性主要体现在单元本身就是将相关的文本整合成一个个教学单元。单元中每一个环节都是紧扣单元文本和单元目标设计的,即使是拓展环节和活动课也必须与主题相关。同时,每一个单元的内容既是一个相对独立的教学系统,又与其他单元的内容相联系,共同构成了整个高中语文教学系统。主题单元教学选择贴近生活的主题,提供各种各样的课外学习资源,开展各种学习活动和实践,极大地拉近了语文与生活的距离。

4.主题单元教学的有序性。"系统的有序性,是系统层次结构及有机联系的反映,稳定的联系构成一定的层次结构,形成系统的有序性。"主题单元教学在组织单元时,按照语文知识与能力发展的顺序,由浅入深,由难到易,由知识的记忆到能力的提升。每个主题单元都是由若干个专题组成的,这些专题的安排顺序是由浅入深、由基础到深入的。对学习内容进行整合,对各单元进行合理的分工,每一个单元的内容既与其他单元的内容相联系,又是一个相对独立的教学单位。从而,为学生在整个高中语文学习阶段掌握知识、提升能力提供一个科学的序列,避免了传统单篇教学的无序化状态,体现了循序渐进的教学原则。

5.主题单元教学的环境适应性。教育是一种社会性行为,语文是与社会时代关系最紧密的学科,所以不可避免地与外界发生着频繁的信息交流。语文教学系统和外部环境之间是密切联系的。教学环境、家庭环境和社会环境都会促进或抑制教学系统的发展。影响语文教学的环境因素包括班级、学校、家庭这些小环境,也包括社会这个大环境。校风、班风、学风,家庭教育、父母行为、家庭条件,社会风气、导向性、重视程度,这些都是影响教学的外部环境。主题单元教学的一个重要环节就是创设单元学习情境,为学生学习创造良好的环境。主题单元教学打破了教材与课堂的束缚,从生活中寻找学习资源,使语文学习面向生活、面向社会。因此,在学习过程中,学生应更加重视环境对学习的作用。

教学的过程不是一个一成不变的过程,它是随着各种外在及内在因素的变化而不断调整的。主题单元教学要有一个良性的发展,必须与环境相适应。比如，主题单元中的文本选择要有时代性。美国心理学家、哈佛大学教授布鲁纳说过："学习的最好刺激，乃是对所学教材的兴趣。"《普通高中语文课程标准》中要求"教科书选文要具有时代性和典范性，富于文化内涵，文质兼美，丰富多彩，难易适度，能激发学生的学习兴趣，开阔学生的眼界。文本选择时，要有传统的经典名篇，也要有文质兼美的时文"。

所以，高中语文主题单元教学作为一个系统，必须是开放的，广泛地与外界环境进行交流的同时，要不断地进行自我调整，以适应新的环境。

第二节 高中语文主题单元教学实践

一、高中语文主题单元教学实施步骤

（一）整合教材内容，确定主题

高中语文课程资源丰富，教材内容庞杂，教师要运用系统思维，通观高中三年教材，并进行整体规划。根据系统思维的相关性原则，整合教材中的文本，寻找相似、相近、相关的文本组成一个单元，从这些文本中提炼出共性，将其作为本单元的主题。在这一主题的指导下，再进一步整合课外材料，并将其作为本单元的学习素材。当然，主题的选择和确定也可由学生来选择，或者师生共同选择。由学生参与主题的选择，学生会有更高的学习热情。如果主题是完全由学生选择的，那么教师要引导学生紧扣课程来进行，不可脱离语文课程。

（二）确定学习目标、教法、学法

确定学习目标这一步本质上与其他教学方式是一样的，只是作为单元教学，要将整个单元作为一个大系统，确定单元的教学目标，同时还要确定这一大系统下的子系统，即各个专题要达到的小目标。教法和学法并不排斥传统的方法，但更注重有利于培养学生的系统性思维、自主学习能力、探究能力和合作能力的教法和学法。

(三)分解主题,设计单元教学环节

根据系统的层次性原则,为达成单元学习总目标,分解主题,从不同的角度和方面设计相关的专题,然后再将专题进一步分解,设计主题单元的各个具体的教学环节。在设置教学环节时,要注意做到紧扣单元主题,同时也要做到顺序合理,由浅入深,由易到难,由教师引导学习到学生自主学习。

(四)创设学习情境

遵循系统思维的相关性原则,根据单元内容,针对学情,创设合适的学习情境。

(五)确定评价方式及评价标准

主题单元教学要走出传统教学只注重结果的误区,更多地关注学生的发展过程。《普通高中语文课程标准》要求"评价的各种功能都不能忽视,但首先应发挥其诊断、激励和发展的功能,不应片面强调评价的甄别和选拔功能"。在这一环节中,教师首先要根据教学目标和教学环节,选择本单元中最能体现教学目标的学习成果或最有可能影响目标达成的学习环节作为评价对象,然后选择、制定合适的评价方式和评价标准。主题单元教学中的评价往往不止一次、不止一个方面,所以要根据不同的评价对象和评价目的选择不同的评价方式。而且,评价标准要明确、科学、合理。在主题单元教学中,最常用的评价工具是各种评价量规。评价量规的制定要根据教学目标来设计不同的准则,描述量规的语言要具体、清楚,层次要鲜明,要有可操作性。量规的制定尽量让学生参与其中,学习小组也可以制定本小组的评价量规。评价量规可以在评价环节提供给学生,也可以在单元学习之初就展示出来。在学习之初让学生了解评价的方式和评价的标准,对学生的单元学习具有引导性,有利于学生明确学习目标和方向。

(六)准备单元学习资源

主题单元教学中的学习资源包括信息资源、工具资源、人力资源和环境资源等。现在的主题单元教学中最常用到的资源有以校本教材形式提供的拓展阅读材料、音频视频资源、网站资源、各种工具资源等。主题单元教学离不开资源的支持,丰富的学习资源不仅有助于拓展学生的知识面,有助于

学生更好地完成学习目标,而且有助于培养学生的现代化操作技术。

二、高中语文主题单元教学优势

经过实践证明,主题单元教学突破了传统语文教学的旧框架、旧模式,不再停留在一篇课文的挖掘上,而是将"单元"作为一个系统,更注重思维的系统性,更注重课程资源的整合与生成。同时,主题单元教学有利于开阔学生的视野,有利于丰富学生的知识面,有利于培养学生的系统思维。主题单元教学最大的优势就是加强了教学的系统性,促进了语文课程知识体系在教学中的有序实施,更好地达到了教学目标。

(一)使教学目标更加明确,能够更好地落实课程理念

选入教材的文本都是经典作品,任何一篇课文都是"麻雀虽小,五脏俱全"。传统的单篇教学中,教师只盯着一篇课文,一两个课时内,是面面俱到,还是挂一漏万?如果是面面俱到,必然是蜻蜓点水,无法深入;如果是挂一漏万,教师又怕漏了重点、考点。所以,许多语文课的教学目标并不明确,教案上的目标叙写或者是模糊的、笼统的,或者是单一的、片面的。

很多人认为,语文学科不像理科那样有很强的逻辑性,有严密的知识序列,语文课程呈现出来的是"弥散性"和"模糊性"。但是,只要运用系统思维寻找到语文课程的知识系统和逻辑层次,就能使语文课程系统有序、语文课堂更加高效。主题单元教学是围绕一个明确的主题,整合相关文本,设计多个专题,每个专题完成2~3个学习目标。目标明确、集中,克服了单篇、单节课教学在教学目标上的盲目性。

主题单元教学多采用自主、合作、探究的学习方式拓展语文学习的时空,引领学生走出狭窄的课本与课堂。在主题单元教学中,每一单元的学习都做到阅读、写作、口语交际相结合,全面提高学生的语文素养。因此,主题单元教学能够更好地落实新课程理念。

(二)促进教师转变教学理念,改进教学方法

长期以来,语文教师缺少系统意识,语文教学缺乏清晰的知识系统。教高一、高二时天马行空,随心所欲,到了高三,另起炉灶,按照考点一点一点地学习、复习,高三的复习课与高一、高二的新授课完全脱节。有不少教师甚至感叹,如果没有高三总复习,都很难清晰地说出高一、高二年级都教了学生哪些知识、都教到了什么程度。教师缺少系统的教学规划,教出的学生自然也没有建立起语文知识系统。因此,主题单元教学要求教师在备课时,加强单元意识,关注文本之间、知识之间的联系,把一节节课、多篇文章组织在一个单元中,以单元作为教学的基本单位。这就要求教师根据系统的整体性原则、相关性原则和有序性原则,统观语文课程,将高中三年的语文教学作为一个系统,统筹规划,构建合理的、科学的教学序列。

同时,由于主题单元教学通常涉及多个学科领域,所以就要求教师一方面掌握语文学科知识,另一方面也关注其他学科知识和当下的社会生活。此外,还要求高中语文教师不能故步自封,而是要不断地学习新的知识和理论,提高自身的素养。

为了适应主题单元教学,教师们不能再固守传统的教学理念和方法,必须转变教学理念,不断地反思、更新自己的语文知识,改进、完善教学方法。

(三)真正做到以学生为本,提高学生语文学习的成就感

运用系统思维进行的主题单元教学,是以学生的学习需要为教学的出发点,强调学生的主体地位。主题单元教学把培养学生的自主学习能力、提高语文素养放在教学目标的突出位置,重视学生的主体实践活动,真正做到以学生为本。

在传统的语文教学中,由于学科知识点缺少系统性和学生掌握程度的模糊性,学生往往难以在相对短的时间内有较大、较明显的进步。所以,学生在语文学科上往往缺少在数学、物理、化学等学科学习中的成就感。再加上教师教法上的传统老套,使得语文学科一直是高中三大主科中最不被学生重视的学科。

主题单元教学邀请学生参与主题的确定、单元活动设计,让学生成为学习的选择者、决定者。网络学习平台的搭建迎合了现代学生对信息技术的喜爱。因此,可以建设学习网站,重视动态网页技术的应用,体现交互性,增强学生的主动性。同时,主题单元教学中的评价方式由传统的总结性评价转变为诊断性评价、形成性评价和总结性评价相结合,不仅仅关注结果,还

注重对学生发展过程的评价。这样的评价方式更能帮助学生认识自我、建立自信。这些特点可以很好地调动学生学习的积极性。所以,主题单元教学有利于提高学生语文学习的成就感和学习效果。

(四)树立"课程资源"意识,加强资源整合

主题单元教学可以改变传统的语文教学中语文教师是在"教教材"的弊端,破除教材崇拜,树立"课程资源"意识。同时,意识到教材在主题单元教学系统中只是课程资源之一。教师可以根据相关性原则,在实际教学中,创造性地使用教材,甚至自编教材。高中语文主题单元教学中,资源的整合主要有以下两种。

1.跨学科知识的联系与整合。在《唐诗宋词》选修中,专门开设了边塞诗主题单元,本单元分为初唐、盛唐、中晚唐和宋代几个专题。在学习这个单元时,学生需联系唐宋两朝的历史知识,了解两朝的政治、军事对文学的影响。在这个单元的学习中,要与历史课程的目标,即历史知识、历史观结合起来。作为语文课的学习,本单元不只是了解、评说历史,还要揣摩不同时代政治、军事对文学的影响,不同时期作者的笔法、风格。同样,在《史记》选修中,开设了"春秋战国"主题单元,也将春秋战国的历史知识、司马迁的历史观与语文学习很好地结合起来。

在"关注女性命运"主题单元教学中,通过学习古今中外描写女性的作品,感知女性的命运,从女性命运中洞察历史的发展和世事百态。这里面不仅涉及中国的政治、历史,也涉及其他国家的政治、历史。

2.课内外学习资源的整合。有人说,"生活处处皆语文"。语文作为工具学科,与生活紧密相连。并且,将课内外学习资源进行整合是主题单元教学的重要特点。近几年的高考字音、字形题所涉及的都是生活中常用常见的字词。在复习字音、字形单元时,教师可以让学生走进生活,寻找生活中写错、读错的字。课外阅读资源引进课堂在主题单元教学中已经屡见不鲜,而且在写作教学中,课外资源的引进也方兴未艾。例如,有教师在作文教学中,将城市中楼盘的命名、明星无照驾驶等社会生活中的现象进行命题。

主题单元教学中课内外学习资源的整合,使语文教学走出了象牙塔,成为一门"接地气"的学科。

(五)打造高效课堂,节约课时

随着课程改革的开展,高中语文首先面临的一个难题就是课程内容多、容量大、课时少。基础年级每周只有四五个课时,比课改前明显减少,但课程内容不但没有减少,反而增加,必修一到必修五共五个模块,还要加上选修的四个模块。如此多的课程内容,如此可怜的课时,让一线教师手忙脚乱。而且,选入教材的多是经典文本,篇幅较长,内涵丰富。如果按照传统的教学方法一篇篇讲下去,或者完不成教学计划,或者只是在疲于奔命。

北京市第十一中学李希贵校长认为,"数学是举一反三,我们做了一个例题,然后就会了十个题目。这是理科学习的方式,语文学习的方式应该是反三归一,通过大量的阅读,最后感悟出点什么,是从量的积累到质的突破"。学生的大量阅读不能单纯靠课外,因为大量的时间给了理科,能利用课余时间进行大量课外阅读的机会很少。所以,高中语文教师必须向课堂要效率,通过课堂阅读提高学生阅读的兴趣和积极性,增加阅读量。同时,系统思维指导下的高中语文主题单元教学有助于打造高效课堂,扩大课堂容量,拓宽学习空间,提高学生的阅读量。

三、高中语文主题单元教学应该注意的问题

(一)教师要加强系统思维,转变教育观念

主题单元教学需要教师有较高的自身素质,需要教师具有系统思维,能够运用整体性、层次性、相关性、有序性和环境适应性原则,设计安排单元教学;主题单元教学需要教师拥有对文本较强的解读能力、对同一主题内容的综合能力以及拓展能力,需要教师投入大量的精力与物力;主题单元教学需要教师具有新的教育理念,课程改革要求教师要从"教教材"转变为"用教材教",能够灵活运用教材,创造性地使用教材,适当地对教材文本进行整合重组,敢于自编校本教材。

主题单元教学与传统的逐篇课文学习相比更具挑战性。单课教学目标落实时间相对较短、较细;主题单元教学课时周期长,在教师心目中不如单课教学稳当。在高考压力下,有部分教师不敢尝试。要想改变这一教学现状,高中语文教师要抛弃应试观念的影响,敢于打破已熟悉的教学模式。

《普通高中语文课程标准》实施建议中指出,"教师要努力适应课程改革的需要,继续学习,更新观念,丰富知识,提高自身文化素养"。这就需要教师不断学习本学科的新知识,同时还需涉猎其他学科的相关知识,不断提高自己的理论水平,学习一些科学的思维方式。此外,教师还要跟上语文课程发展的脚步。只有这样,才能像课标中要求的那样"灵活运用多种教学策略,有针对性地组织和引导学生在实践中学会学习。在教学中,充分发挥主动性,创造性地使用教科书和其他有关资料"。

(二)主题选择要紧扣学科特点

主题单元的选题看似是很宽泛的,但是如果像某些教材那样完全按照社会生活主题组织单元教学,只重视语文学科的人文性特点,而忽视语文学科的工具性特点,那么就会造成"泛语文化"的问题。因此,主题单元的选题必须遵循系统的相关性原则,遵循语文学科自身的规律,在选题时注意以下两个问题。

第一,选题要符合课标要求,立足教材。课程标准是教师教学的立足之本,主题单元的选题必须以课程要求为根本依据。教师不能"唯教材论",但是,由专家组精心设计的教材,在紧扣课标和立足教学大纲这两方面,比其他资料要好得多。当然,立足教材并不等于拘泥于教材、局限于课本,而是要有所超越,打通课内外,甚至跨越学科。

第二,选题要考虑主题单元的集中性和相对独立性,以及各单元之间的联系性。每个单元自身是相对集中的,是一个独立的系统,每一个专题和问题都是要紧扣主题来设计的。单元与单元之间相对独立,又相互联系,都是高中语文教学这一大系统中的存在关联性的小系统。因此,教师在选题时,要运用系统性思维,通观三年的学习,考虑每个单元的知识与能力目标如何在教学中有序地、有层次地完成。也就是说,在选题时要考虑系统的整体性原则、有序性原则和层次性原则。

主题单元注重学习内容的开放性和综合性,因此在选题时不会局限于本学科和教材。但是,教师必须严格按照课程标准和考试大纲的要求组织教学,拓展延伸必须基于语文教学的基础。

(三)拓展课、活动课不能流于形式

主题单元教学是一个完整的系统,每一个环节都必须围绕单元主题展开,课改之后,语文课堂的拓展环节和语文活动课的形式越来越丰富,课堂上是否有拓展、拓展和学生活动是否精彩、形式有没有新意成了评价一堂语文课是否成功的标准。为了追求新意,出现了为拓展而拓展、为活动而活动的现象,许多拓展、活动与课堂教学内容缺乏联系,缺少整合。架空文本、忽视了学生对语文知识和能力的掌握、只追求形式成了语文课堂新的误区。

拓展和活动是主题单元教学这一系统中两个重要的环节,是与单元文本和单元目标紧密联系的。拓展要有度:一是拓展的内容难易程度要适当;二是拓展的内容要与主题、教学目标、单元文本有紧密的关系。题目太难或太空泛,学生都无法完成,于是就成了无意义的拓展。就像课标中所提醒的,不能片面追求新奇深奥而脱离课程目标和学生实际。拓展要与单元学习的文本和学习目标有较密切的联系,要遵循系统思维的相关性原则,切不可不着边际、脱离文本。拓展是为单元学习服务的,是文本学习的补充部分,不可喧宾夺主、本末倒置。

活动课的设置可以很好地体现语文课程标准所倡导的自主、合作、探究的学习方法。所以,活动课在课改后被教师广泛开展。但是,主题单元中的活动课是由课内向课外延伸的,必须具有"语文性",要紧扣单元主题。活动课只是为单元学习提供一个学习平台,创设一个单元学习的情境,因此要以提高学生的语文能力和素养为落脚点。

(四)评价的科学性

课程标准提倡评价主体多元化,"使评价成为学校、教师、学生、同伴、家长等多个主体共同积极参与的交互活动"。课程标准也提醒,"课程评价有多种方式,每一种方式都有其优势和局限,都有适用的条件和范围"。现在,教师们越来越注重形成性评价,但是在教学实践中却出现了评价繁琐化问题,评价量表过于琐碎,为了记录量表,冲淡甚至影响了正常的学习和教学的现象时有发生。因此,制定评价量规,提高评价效率,要注意以下四个问题。

1.要紧扣单元主题和学习目标。要依据学习目标的预设要求,划分、确定评价量规的若干评价项目;要充分地研究学生的认知特点、学生的能力基础,评价项目不能脱离学生的实际,要求不能过高。

2.等级描述要具体,各个等级间的差异要明显,这样才能保证量规的可操作性较强。

3.根据学生能力发展,需要有针对性地分配评分权重。在此过程中,每一个评价量规的权重分配最好采用百分制或十分制。

4.师生共同研究、确定学习任务完成的方式,共同设计评价量规。在实际操作时,要根据情况及时调整量规,使之更好地为主题单元教学服务。

主题单元教学并不是"放之四海皆准的真理",只是众多教学法中的一种,不是所有的课程内容都适合采用主题单元教学,我们倡导的是多元化的教学。我们只是认为,主题单元教学可以弥补传统教学中的一些不足。高中语文主题单元教学作为一种新的教学方法,在实践中不可避免地存在一些问题,这需要高中语文教师不断加强理论学习,特别是系统论的学习,在实践中不断摸索、不断改进,使高中语文教学更加科学,更好地为时代发展服务。

第八章 高中语文写作教学探究

第一节 写作教学目标的设计与陈述

长期以来,写作教学无目标运作已成为高中语文教学中的痼疾。这是导致写作教学陷入高耗低效的"老大难"境地的症结所在,也是阻碍写作教学实现科学化、现代化的根本原因所在。新的语文课程标准在总结以往语文写作教学经验教训的基础上,结合现代写作教学理论和写作心理学理论的研究成果,对不同阶段的写作课程目标做了全面系统的规定,基本形成了写作课程目标框架体系,为语文写作教学目标的设计提供了强有力的理论依据。然而,必须指出,课程目标毕竟不等于教学目标,要把写作课程目标变为写作教学目标,语文教师还必须掌握写作教学目标设计和陈述的理论与技术。

一、写作教学目标的设计

设计写作教学目标,首先要认真研读语文课程标准,依据新语文"课标"中的写作课程总目标和教学对象所处学段的写作课程目标来确定教学目标的基本框架——主要的学习结果类型及其认知和情感的层级;在此基础上,结合学生的学习实际、写作水平和生活经验,对有关写作课程目标进行有的放矢地选用和重组,使之转化为符合学生实际的写作教学目标。此外,设计写作教学目标时还应该注意以下几点。

(一)确定写作教学目标的类型和核心

现代教学论主张,教学目标的实质是对学生学习结果的预期。所以,学习结果既是制定教学目标的重要依据,也是教学目标的主要内容。教师在设计写作教学目标时,可以根据写作学习结果的分类对写作教学目标进行分类。那么,写作学习结果如何分类呢?根据我国学者的研究,语文学习结果可以分为四类:语文内容知识、语文技能、语文高级技能(认知策略)和情感态度与价值观。据此,我们可以将学生写作学习结果分为四种类型:写作内容知识、写作技能、写作策略性知识和情感态度与价值观。在设计写作教学目标时,相应也可以把写作教学目标分为四种类型,即写作内容知识目标、写作技能目标、写作策略性知识目标和情感态度与价值观目标。

　　确定了写作教学目标的类型以后,教师还要进一步明确写作教学的主要目标或核心目标是什么。一般而言,设计教学目标理所当然要全面反映学习结果,正如加涅所指出的"把教学集中于任何一种性能或两种性能的组合是不可取的……人类的学习者需要几种习得的性能"。然而,对写作教学来讲,设计教学目标时又必须考虑写作活动的特殊性。与阅读相比,在写作活动中,学生"经常遭遇的不是'写什么'的问题。如果没有什么事情,没有什么意思要写,他们干脆就不会提起笔来……他们经常会遇到的问题倒是有了要写的事情而不知道'怎么写'",因此"中学的写作教学就应当着重指导学生解决'怎么写'这个问题,至少要为他们解决这个问题打好必要的、坚实的基础"。"写什么"的问题与陈述性知识有关,"怎么写"的问题与程序性知识和策略性知识有关。因此,设计写作教学目标应该把重点放在写作技能和认知策略上。据前所述,写作技能和认知策略本质上均为运用写作规则进行构思表达和修改,所以,写作规则的学习和运用应该作为设计写作教学目标的依据,成为写作教学目标的主轴和核心。一些优秀的语文教师在写作教学实践中所设计的教学目标就是以写作规则为核心来安排"三类知识"的教学的。例如,上海市特级教师徐永森所设计的命题作文《我的小伙伴》课堂写作指导的教学目标是:①学习选择反映小伙伴个性特点的材料……②学习通过一件事或几件事,通过描写人物的动作、语言和心理活动,来表现人物的个性特点。特级教师贾志敏在进行命题作文《记一件事》指导时,设计的教学目标是:①让学生初步掌握"展开一句话"把内容写具体的方法;②培养学生听、说、读、写的综合能力:听,听清楚;说,说完整;读,读流利;写,写具体。这两例教学的四个目标中,前三个目标反映的是写作策略性知识,最后一个目标则是程序性知识和策略性知识的综合反映。它们所表述的内容均为写作规则的学习和运用。

(二)确定写作教学目标的层级

用学习层级论来看,规则有子规则和上位规则之分,子规则的概括程度或包容水平要低于上位规则;上位规则一般由若干子规则组成。构成写作技能和认知策略的写作规则也不例外。如"描写人物要抓住人物的特征"这一写作规则和"描写肖像要抓住人的长相、表情、衣着等外貌特征""描写行动要抓住人的手势、姿势、速度等动作特征""描写语言要抓住人的语音、语调、措辞等言语特征"等写作规则相比,前者就是上位规则,后三者则是子规则。当然,这种界定是相比较而言的,例如,当"描写人物肖像要抓住人物外貌特征"与"描写不同性别人物的肖像要抓住不同性别人物的外貌特征""描写不同年龄人物的肖像要抓住不同年龄人物的外貌特征""描写不同民族人物的肖像要抓住不同民族人物的外貌特征"等规则相比时,前者则成为上位规则;后三者则是子规则。既然写作教学目标以学生写作规则的习得和运用为核心,那么,写作教学目标必然也有不同的层级。如果我们把根据写作上位规则的学习和运用设计的写作教学目标称为上位目标,那么以写作子规则的学习和运用为依据而设计的写作教学目标则称为子目标。在进行写作教学目标设计时,设计者必须弄清所设计的教学目标属于哪个上位目标的子目标,它自身又是由哪些子目标构成的。一般地说,在设计每个学期的写作教学目标时,应该把语文课程标准中为该阶段写作教学所制定的总体写作教学目标作为上位目标,而把本学期分布在各个单元之中的教学目标作为子目标。在设计每次写作教学目标时,则应把本学期的目标作为上位目标,而把构成本次写作教学目标的若干子规则作为子目标。

(三)确定写作教学目标体系的序列

要确定目标体系的序列,关键在于理顺以下关系:一是目标与目标之间的关系。目标与目标之间的关系实质上是同一层级上的写作规则之间的关系,它们之间的关系是一种并列的或交叉的关系。如从文体角度看,记叙文、说明文、议论文、应用文和文学作品的写作规则就是这类关系;从表达方式角度来看,叙述、描写、抒情、议论、说明等表达规则也是这种关系;二是目标与子目标之间的关系。这种关系实质上也是一种上位规则和子规则之间的种属关系。如叙述的规则和倒叙的规则之间即存在这种关系;三是子目标与子目标之间的关系,是指共同归属于某一上位规则的子规则之间的一种并列关系。如从表达方式角度看,插叙的规则和倒叙的规则之间的关系就是这种关系。将上述关系理顺之后,要对这些关系中涉及的上位规则和子规则按照一定顺序进行排列组合。著名语文特级教师魏书生的语文知识树就是将上位规则和子规则进行科学的排列组合而形成的语文教学目标系统。他将语文知识这棵"树"分成基础知识、文学常识、文言文知识、阅读和写作等四大支干。在阅读和写作这一支干上,又进一步分为中心、结构、语言、材料、表达、体裁等六种"杈",然后对各"杈"再做如下划分。

中心:集中、深刻、鲜明、正确。

结构:段落、结尾、照应、层次、开头、过渡。

语言:通顺、生动、准确、简练。

材料:生动、典型、围绕中心、新颖、真实。

表达:抒情、议论、记叙、描写、说明。

体裁:剧本、诗歌、小说、散文、应用文、说明文、议论文、记叙文。

通过上述划分,每个阶段的教学重点是什么,阶段与阶段之间如何有机联系起来等也就一目了然了,这样就可以避免写作教学陷入随意和盲目的境地。

二、写作教学目标的陈述

现代教学论有关教学目标陈述的研究,主张陈述教学目标要克服含糊性和随意性,力求明确具体、便教利学。那么,陈述写作教学目标怎样才能做到明确具体呢?

(一)重在表述学生外在的表达行为和内在心理的变化

用现代心理学来看,写作教学目标其实是对一个知识点或训练点的教学活动完成之后,学生表达行为和写作心理变化是否达到预期。因而,教师要在教学目标中反映出学生的行为和心理将会有怎样的变化、应该符合什么要求、达到什么程度。要做到这一点,教师首先必须弄清内在写作能力、情感态度同外在表达行为之间的关系(直接的和间接的),在此基础上力求通过描述表达行为的变化来反映写作心理的变化,使教学目标既不会抽象笼统,又能够充分体现学生学习写作的特点。因为,对写作能力来讲,心理变化是根,行为变化是叶,俗话说"根深叶茂",换句话讲叶之茂也反映了根之深。好的写作教学目标就是能够通过描绘"叶"的变化来反映"根"的变化。

(二)写作教学目标应该分类分层陈述

确立写作教学目标的基础是一个个知识点——写作规则;但是,这些写作规则又不是抽象的,而是贯穿于一篇篇例文之中。用系统观点来看,每一篇例文都是一个独立的复合系统。在这个系统中包含着多种要素,各要素之间的关系纵横交错,形成一个立体网络。从横向来看,有"字词句篇语修逻文"的知识因素、听说读写的能力因素、思想情感的态度因素、方法技巧的策略因素等;从纵向来看,各个因素不是处在一个平面,而是有高低之分,共同构成了有诸多层级的"宝塔"。例如,对例文或有关文献材料的加工就有文字记忆的低级复述、字面理解的简单加工、意蕴挖掘的复杂加工、评价鉴赏的高级思维等不同的能力层级;《红楼梦》中林黛玉说的"宝玉你好"虽然只有四个字,却蕴含着无比丰厚的知识内涵和情感内涵,不同知识结构的人在加工这句话时会有不同的体会,正所谓"一千个读者就有一千个哈姆莱特"。教学目标只有将构成一定写作规则的例文中的不同因素、每种因素的不同层级反映出来,才能给人以经纬清晰、脉络分明之感;如果不加区分,"煮一锅粥",必然是眉目不分、一团乱麻。

(三)写作教学目标的措辞应该明确具体

模糊的语言必然使表达的内容模糊不清。传统的写作教学目标中,过多地使用"认识、理解、掌握、领会、把握、培养"等抽象笼统的词语,是导致写作教学目标陈述含糊的一个重要原因,因此,教师在描述写作教学目标时,要尽量避免使用这类词语。

"写出、详述、选择、剪辑、合并、划分、使用、运用、应用、叙述、阐述、阐明、描述、描写、描绘、说明、介绍、刻画、塑造、表明"等行为动词对学习的结果则做了明确具体的规定,可以观察、测量,操作性强,在写作教学目标陈述中宜多用这类词;"辨别、区分、分析、比较、归类、综合、概括"等虽然反映的是内心活动,但是有相对应的外显行为,因而也是比较明确具体的。教学目标的语言当然要简洁精练,但是,必要的限制性词语是不可随便省略的,例如,对行为方式、活动条件、学习程度和数量等方面做出严格规定所需要的词语是不可或缺的。总之,要力求全面、准确而具体地将预期的学生学习结果表述出来。

第二节 写作教学过程与方式方法

现代教学论主张,写作教学是师生双向互动的活动,在教学过程中学生的写作活动(构思、表达、修改等)将决定教师的施教活动,教以学为出发点和落脚点,教服务学,教促进学,教引导学。因此,在写作教学设计和课堂操作过程中,教师应该根据学生的学习规律即写作能力的习得规律来安排教学过程,选用教学方法和技术。

一、写作教学过程

写作教学一般以一次作文作为一个教学单元,写作教学过程一般指一个教学单元(一次作文)的过程。写作教学过程是教师指导和学生学习、写作的动态过程,如果我们用一定的文字符号对这一动态过程的逻辑顺序进行描述,那么,这便是写作教学过程模式。

(一)典型的写作教学过程模式及分析评价

我国传统的写作教学过程模式包括三个阶段:命题、指导、评改。命题——教师摘引"四书""五经"的章句作为题目;指导——主要是指导学生审题;评改——教师修改学生习作,并进行点评。在此模式中,教师指导之所以是指导审题,与作文内容有直接关系。因为题目乃圣人之言,学生的作文不过是阐述题目的微言大义,即"代圣人立言"。可见,这一模式显然是一个以书本为中心、以教师为中心的模式,没有体现出学生的学习规律和学生写作过程的一般特点。

新中国成立以来,我国的语文教育研究人员曾经提出过多种写作教学过程模型,其中如下三种模型较为典型:①"命题—指导—批改—讲评"四环节模型;②"观察、思考—构思、表达—修改"三阶段模型;③"作文前指导—作文全程指导—作文后指导"三步骤模型。

用现代学习论和教学论分析,上述三种模型存在着明显的不足:第一种模型仅仅立足于教师的教,没有考虑学生的学。现代教学论主张,教学应该以学习为基础,忽视学生的学习活动,教势必无的放矢;第二种模型恰恰相反,只是反映了学生的书面表达过程,缺乏教师教这个必不可少的条件。可以说,这只能是一个"写作的过程模型"而非"写作(作文)教学的过程模型";第三种模型把教师活动(指导)和学生活动(作文)结合起来,力图反映教学过程中教与学的互动与统一。这相对于前两者,认识有所深化。但是,从表述上看,师生在三个环节中活动的内容和形式没有任何区别——皆为"指导"(教师活动)和"作文"(学生活动)。因此,该模型至多只是列出了写作教学的进程——分为三个环节,不能具体指导写作教学实际。

(二)基于现代心理学的写作教学过程模式

如前所述,写作教学本质上是一种问题解决教学,因而,研究写作教学过程首先要遵循问题解决的一般教学过程规律。关于问题解决教学过程的研究已有相当长的历史。杜威把问题解决教学过程分为四个环节:让学习者面临某种疑难情境—引导学习者明确问题—促使学习者将问题与认知结构联系起来,提出解决的假设—让学习者将答案组合到认知结构之中并把它应用于手边的问题或同类问题的新的陌生的例子之上,实现"做中学";布鲁纳的以发现学习为其基本特征的问题解决教学过程模型是:第一,提出并明确使学生感兴趣的问题;第二,使学生对问题产生某种程度的不确定感,以激发探究;第三,提出解决问题的各种假设;第四,协助学生搜集和组织可用来做判断的资料;第五,组织学生审查有关资料,得出应有的结论;第六,引导学生用分析思维去验证结论,最后解决问题。

乔纳森运用建构主义观点开发出一套问题解决的教学模型,该模型为:第一,复习先决条件知识(包括概念、规则);第二,呈现问题领域的概念模型或因果模型。概念模型阐明问题成分之间的结构关系,用于表征领域知识。因果模型阐明能够观察到的变量和未能观察到的变量之间的关系,用于表示解题过程;第三,出示样例,帮助学生建构有用的问题图式;第四,呈现练习题;第五,支持搜索解法,包括提供类比问题;第六,反思问题状态与问题解法。

上述几个问题解决教学过程模型既有区别又有联系,综合起来,下面几点对我们设计写作教学过程模型是有较大启示的:一是要有明确的教学目标。这些模型都把让学生明确问题作为教学的起点。所谓明确问题,其实就是要让学生弄清学习的目标;二是要帮助学生激活先前知识。要引导学生把已经掌握的知识和所要解决的问题联系起来;三是重视资料对解决问题的作用。要求教师提供或引导学生搜集有助于解决问题的资料;四是强调新旧知识的联系,教学中要让新知识顺利进入学生的命题网络;五是要教问题解决的策略。无论是引导学生提出解决问题的假设,还是为他们搜索解法提供支持,实际上都是让学生学习和运用策略性知识;六是要进行适当的变式练习,这是概念和规则向程序性知识和策略性知识转化的一个必经环节。据此,我们可以把写作教学过程概括为以下几个教学环节。

第一,告知教学目标和作文标题,明确写作要求。如前所述,写作教学目标是以写作规则为核心的三类知识构成的;作文标题也蕴含着一定的写作规则。所以,在此环节中,教师要把需要学习的写作规则用明晰具体的语言陈述出来。学生通过审视、分析教学目标和作文标题要确定本次作文练习所需学习的规则及其涉及的写作内容知识、写作技能和策略性知识分别是什么。

第二,提示学生回忆,激活原有知识。要把本次作文需要学习和运用的写作规则和相关知识与学生已掌握的有关知识联系起来,使学生的原有知识顺利进入工作记忆。

第三，提供构思策略，拟定写作计划。教师要指导学生根据一定概念和规则进行审题和构思，在此基础上确立写作的基本思路，编写写作提纲。

第四，提供相关材料，形成相应图式。要呈现两篇以上运用本次作文所要学习的写作规则而写出的例文，为学生形成特定类型的认知结构创造条件；如果学生缺乏主题知识，还要提供这方面的文字、实物、图像等材料，使学生获得与作文内容相关的图式。

第五，创设变化情境，进行表达练习。这是知识由表象、命题和命题网络向产生式和产生式系统转化的环节。在本环节中教师要引导学生在各种条件（各子规则适用的情境）下运用各种（口头的或书面的）方式进行表达练习。

第六，及时批改讲评，反思修改作文。要根据教学目标对学生作文进行评价，并及时向学生提供反馈；引导学生根据教学目标和教师评语对作文进行反思，并做进一步修改。

该模型表明：第一，写作教学过程是学生学习知识的过程。该模型以现代学习论为理论基础，把写作教学过程的本质定位于写作内容知识、写作技能和认知策略的习得与相互转化上，遵循了知识习得转化的一般过程（认知结构的同化、建构、迁移过程）；第二，写作教学过程是师生双向活动的过程。该模型把教学看成是为学生写作能力的形成和发展而创造的必要条件，体现出"教学过程服务并服从于学习过程"的特点；同时，在该模型中，学生的学习始终以教师的"教"为主导——在教师的引导、帮助和组织、评价之下进行作文的学与练。教与学相互依赖，相辅相成，达到有机统一；第三，写作教学过程是引导学生解决问题的过程。从问题解决角度看，上述模型中的六个环节可以概括成四个阶段，第一、第二环节为明确问题阶段；第三、第四环节为提出假设和原型启发阶段；第五环节为解决问题、形成解题技能阶段；第六环节为反思评价解决问题过程的阶段。所以，该模型充分体现了写作过程就是问题解决过程这一本质特征。

二、写作教学方式与教学方法的运用

写作教学方式与教学方法是教师指导学生进行写作学习和练习以获得

写作能力的具体手段。现代教学论主张,教学方式方法是受教学目标和学习结果制约的,不同的教学目标反映不同类型知识的学习结果,而不同类型知识学习的内在条件和外在条件是不同的;教学方式方法就是为一定类型知识学习创造的外在条件。

(一)写作教学的一般方式

写作教学中的一般方式是指中小学写作教学中常见的写作教学方式。常见的写作教学方式有三种:命题写作教学方式、限定条件写作教学方式和自由拟题写作教学方式。

1.命题写作教学。命题写作教学就是由教师出题,学生按照题意要求写作的作文训练方式,这是中小学写作教学中运用最普遍的方式。其最大长处就是有明确的教学目标体系,序列清晰,计划周密;其最大特点就是,通过确定作文题目,对学生的作文给予某种"限制",包括文体、题材、写法诸方面。因此,对学生应该学习和运用什么知识(写作规则)做了明确的规定。从题目的限制程度来看,可以把这种教学方式分为两种类型:一类是全限制式,如《童年记事》《校园生活二三事》《提篮春光看妈妈》等,学生只能遵题而作,范围、重心、内容乃至于文体等均不可逾越;另一类是半限制式,如《记一个××的人》《给××的一封信》等,这类作文题有一定的开放性,给学生的发挥留有一定的自由度。

2.限定条件写作教学。限定条件写作教学就是教师只对学生的写作做出某种或某些条件限制的训练方式,这实际上是一种半命题性质的写作教学方式。它的最显著特点就是为学生提供了一定的写作材料,使学生获得了必要的写作内容知识,从而在一定程度上解决了"无米之炊"的问题。从"条件"的构成上看,这种教学方式有四种形式:①提供图画等形象材料作文,如看图作文;②提供文字材料作文,如写读后感、评论、话题作文;③提供实物材料作文,如写生作文、游记;④提供声像材料作文,如看电影、电视作文,听音乐作文等。

3.自由拟题写作教学。自由拟题写作教学是由学生自己决定写作内容、写作方法的教学方式。这种教学方式能让学生根据自己大脑中已有的知识,自主地展开写作活动。即学生能够写什么就写什么、喜欢写什么就写什么、想怎么写就怎么写。使他们的知识得到有效提取,个性特长得到张扬,写作才华得到施展,也有利于激发学生的写作动机;但不利于有计划地、有目的地使学生获得写作规则,进行系统的技能训练。尤其是对写作能力比较差或低年级学生来说,反而感到这种"自由"方式"很不自由"。

(二)写作教学方法的运用

我们常说"教无定法",本书"语文教学方法"一章中所阐述的语文教学方法都可以作为写作教学方法。现代教学论主张"教有定规",因为语文知识的学习和语文能力的培养存在一定的规律,所以,教师教学生学语文知识和培养写作能力必然存在一定的规则:"教无定法"就是指教学方法随着学习的类型、内容、阶段及学习者的特征等而有变化,不可千篇一律,搞"一刀切",也不能机械照搬,简单套用;"法"随"规"变,依"规"定"法"。那么,对写作教学来说,在教学中如何依"规"定"法"呢?

1.因"类"制宜。现代教学论主张,教学方法应该根据知识学习的类型来确定,不同类型知识的教学需要不同的教学方法。既然写作能力是由三类知识构成,那么以培养写作能力为基本目标的写作教学的教学方法也应该根据三类知识学习所需要的教学条件加以确定。

(1)写作内容知识的教学方法:该类知识的教学要根据图式形成和改进的规律进行。根据前面的论述可知,图式是通过实例形成和改进的,因此有助于呈现实例的演示法、讲授法和范读法等就成为写作内容知识教学的首选方法。在运用这些方法时要注意:第一,要同时或相继呈现两个以上图式的实例。如,要让学生形成青蛙的图式以便使他们能够写出一篇介绍青蛙的说明文,那么,可以通过呈现两个以上的实物或标本、采用电视分屏技术演示两幅以上画面、连续提供两篇以上类似的说明文等方法让学生观察、阅读和比较,注意它们的相同相似之处;第二,要提供无关特征方面富有变化的实例。在写作教学实际中,学生在写人叙事时常常犯片面的毛病。如一写军人就是男性,一写幼儿园老师就是女性。这与他们的人物角色图式不正确有关。要克服这一毛病,教师可采用变换实例的无关特征的方法进行教学。如，在指导学生写军人时，有意识地向学生提供描写女军人的文章、图片或录像片等；第三，要呈现图式的反例。教师可以运用同时向学生提供图式的正例和反例的方法，促使学生对图式的适用情形和不适用情形进行区分以改进图式。例如，要让学生写青蛙，在学生形成青蛙图式之后，可以再通过演示蟾蜍的实物、标本或图片、录像等方法，让学生深化对青蛙图式关键特征或关键属性的了解。

(2)写作技能和写作策略性知识的教学方法：据前所述，写作技能和写作策略性知识本质上都是对概念和规则的运用，所不同的是，一个是运用概念和规则对外办事——书面表达；一个是运用概念和规则对内办事——调控记忆和思维，选择写作方法。因而，两者的教学方法既有相同点也有不同之处。相同点是：因为它们都必须经过概念和规则的学习阶段，所以要根据概念学习和规则学习的规律来确定教学方法。现代心理学指出，按照概念的抽象水平的不同可将概念分为具体概念和定义性概念。具体概念的教学主要运用比较法引导学生对概念的正例、反例进行比较，让学生辨别和提出假设，教师给予肯定或否定的反馈指导，学生从中发现概念的本质特征；教学定义性概念主要运用下定义或解释的方法，使学生理解概念的含义，然后用举例法促进学生理解概念的本质特征。规则教学也有两种方法："例(子)—规(则)法"和"规(则)—例(子)法"用"例—规法"教学，先呈现若干例子，再让学生概括出写作规则。用"规—例法"教学，先呈现写作规则，然后举出若干例文说明规则；在学生习得概念和规则之后，还要运用练习法和反馈法使概念和规则由陈述性阶段向程序性阶段转变。不同点是：由于写作技能最终要达到自动化境地，所以，在进行练习时要强调多次反复或重复，如遣词技能的形成就是在大量相同情境中使用一些特定的词语的结果；而写作策略性知识的学习和使用则要强调变换性和灵活性，因此在进行练习时要不断变化条件或情境。例如，学生从课文中习得了"按照一定的顺序写"的写作规则之后，"为了让学生掌握这条写作规则，教师可先要求学生仿照课文的写作手法记一种自己喜爱的水果。然后，逐步要求学生按一定的顺序(时间顺序或空间顺序)记一件事。最后，可以要求学生按一定的顺序记一个人"。

2.因"时"制宜。用现代心理学来看,写作能力的形成或习得实质上是一定的概念和规则的获得、转化和应用。因此,一定写作能力的形成和发展通常要经历三个阶段:新概念和规则的获得阶段、作为陈述性知识的概念和规则向作为程序性知识的写作技能和写作策略性知识的转化阶段、写作技能和写作策略性知识的迁移应用阶段。现代学习论主张,一种能力习得的不同阶段,需要不同的内在条件和外在条件。因此,在写作能力习得的不同阶段应该运用不同的教学方法。

第一,在新的概念和写作规则的获得阶段,可用设计先行组织者技术和符号标志技术,运用呈现图表、讲述、讲解、提问等方法,引导学生注意所学习的新知识,使新知识顺利进入命题网络;在此基础上,再运用讲析、提问、讨论、列举概念的正反例、写课文概要等方法,以促进新概念和写作规则与学生大脑中已有的相关知识相互联系、相互作用,达到对所学新知识的理解和巩固。

第二,在概念和规则的转化阶段主要运用练习和变式练习法进行教学。由于写作技能的本质是运用一定的概念和规则进行书面表达,而且这种概念和规则的运用具有自动化提取的性质,所以要想使概念和规则转化成写作技能,必须要进行反复练习,使概念和规则的提取趋于熟练或流畅;写作策略性知识的本质是运用一定的概念和规则进行构思,而且这种概念和规则的使用将伴随写作要求、写作情境等的变化而有所不同;所以,只有引导学生在不同写作情境、写作条件下进行构思练习,一定的概念和规则才能够转化成监控记忆和思维的策略性知识。此外,教师要对学生的练习和变式练习的结果进行及时的反馈。对不足之处要指导学生进行润色、修改,对精彩之处要予以肯定和表扬。

第三,在概念和规则的应用迁移阶段主要的教学方法是创设写作情境、引导学生作文。教师可以采用选择性命题、材料作文等方式为学生创设书面的写作情境;也可以将学生带入实际生活之中,让他们从中感悟到写作规则的运用方法和途径,为学生创设真实的写作情境。

3.因"生"制宜。写作的最大特点是个性、自主性强,"我手写我心"。同样一则作文题,在不同人大脑之中激活的知识,其内容和形式都存在很大差别。现代教学是班级授课制教学,一位语文老师同时指导几十名同学写作文,如果不考虑到学生的差异,势必导致相当一部分学生的个性和自主性受到压抑。因此,在写作教学过程中,教师要根据每个学生的特点和实际,因材施教,因生制宜。

(1)对不同智商和特质的学生要运用不同的教学方法:现代心理学认为,从先天遗传和学生自然发展的角度来看,学生之间在智商和特质(如焦虑、动机等)上存在一定的差异,在写作教学中教师要承认这种差异的存在,并能够根据这些差异展开教学。对于智商高的学生,要鼓励和允许他们按照自己的步速超前学习。高智商的学生一般反应快,思维敏捷,接受能力强。教师在命题、指导过程中要尽可能为他们留下自由发挥的广阔空间;对于智商稍低的学生,要允许他们选择合适的后续步骤。命题要考虑到他们的知识基础,尽量为他们提供自主选择的余地。指导要针对他们的实际,启发他们展开思维。此外,对他们的作品要及时予以反馈,指导他们修改完善;对语言理解水平高、语言表达能力强的学生要多用语言呈现学习材料,如选用讲解、讲述、分析、讨论等方法;对语言理解水平低、语言表达能力较差的学生则要借助板书、录像、图画、图表等直观性强的媒介来呈现材料;对于那些写作动机强、考虑问题水平高,写作时习惯于一气呵成的"快笔头",在构思环节要帮助他们对自己的思路予以反思,使思维更加严密,考虑问题更加全面,在修改环节要引导他们字斟句酌,对文章的结构层次、遣词造句反复推敲;而对那些写作动机和考虑水平过低、写起文章来如"挤牙膏"的学生,在指导时则要着重启发他们从不同层面、不同层次思考问题,注重训练他们的语言表达速度,逐步使他们的语言表达达到自动化水准。

(2)对不同起点能力的学生要运用不同的教学方法:起点能力是学习结果的反映。由于一个班级几十名学生不可能处于完全相同的起跑线上,这就导致学生的写作能力参差不齐。在写作教学中,对不同写作起点能力的学生,教师要区别对待。在作文命题方面,每次命题在内容和形式上都体现不同的层次和要求。可根据智慧技能的层级关系来安排作文要求的不同水准。如要求学生写一篇记叙文,下面的题目对学生智慧技能的复杂程度要求就不一致:"记一件事""记一件难忘的事""记一件对我的发展产生巨大影响的事"等。在作文指导方面,要根据学生的起点能力确定指导的侧重点。如教一个写作规则"描写景物要抓住景物的特征",对于那些对构成该规则的概念都已经熟练掌握的学生,可以直接使用"规—例法"引导学生学习该规则,再运用练习法让学生使用该规则来描写景物;而对那些尚未理解该规则中的概念如"景物""特征"的学生,则应该先用概念学习的方法让他们习得这些概念。在作文批改方面,对写作能力强的学生可针对其突出的某一点进行略批,对写作能力较差的学生则要从不同方面——字词句段篇,进行详细批改,肯定其闪光点,指出其不足之处。在作文讲评方面,评价的标准和方式也要体现针对性。对写作能力强的学生,要求可严格一些,标准可定高一些;对写作能力较差的学生,对他们的点滴进步都应该予以积极的评价。

参考文献

[1]顾可雅.基于核心素养的小学语文教学设计[M].宁波:宁波出版社,2018.

[2]郭戈.核心素养与学科教学[M].北京:人民教育出版社,2019.

[3]贺卫东.语文课程与教学[M].西安:陕西师范大学出版社,2018.

[4]侯文杰,杨永庆,马迎新.语文教学与阅读写作[M].江苏凤凰美术出版社,2018.

[5]江玉安.小学语文课程与教学导论[M].长沙:湖南师范大学出版社,2018.

[6]薛猛.语文课程与教学论[M].重庆:西南师范大学出版社,2019.

[7]闫景总,余新.以学生为本的教学设计(初中卷)[M].北京:教育科学出版社,2019.

[8]杨世平.新课改下初中语文教学艺术谈[M].长春:吉林人民出版社,2019.

[9]姚家全.高中语文专题教学初探[M].上海:上海三联书店,2020.

[10]张良田.学科教学详解 初中语文[M].长沙:湖南教育出版社,2015.